周公子

著

大唐群星闪耀时

长江出版传媒　长江文艺出版社

✦

我们与那一颗颗璀璨千古的文化之星，

虽相隔千年却深感心意相通，

于生生不息的古今共鸣中，

使自我的生命和情感得到无限之延展。

序

颂其诗，读其书，不知其人，可乎？

某个仲夏之夜，一位素喜诗词的女青年，又于书桌前打开了闲暇必备的《唐诗三百首》。

翻阅良久后，忽有个缥缈旷远的声音，自其身后传来：

"呵呵，诗不可只如此读。"

女青年闻声回望，眨眼间，却觉清风拂面，水声阵阵；紧接着，映入眼帘的是碧色如蓝的江水和延绵两岸的青山峭壁……大惊之下，女青年身形踉跄、慌乱四顾，发现自己竟已立在一艘顺江而下、疾行如飞的轻舟之上！

未待她辨明眼前景象是真是幻，忽听一个豪迈不羁、潇洒绝伦的声音朗朗而诵：

朝辞白帝彩云间，千里江陵一日还。

两岸猿声啼不住，轻舟已过万重山。

女青年循声望去，见船头立着一个白袍飘飘、鬓发已苍的男子，约莫六十岁年纪，却身形挺拔、腰佩宝剑，单从背影上，即尽显气宇轩昂之姿。

难不成……这……这是李白！？

顷刻间，惊骇之意被狂喜之情取代。女青年正待箭步上前，一睹诗仙尊容，却不想，小舟上的船夫开口了：

谪仙人，您这次可真是大难不死，必有后福啊！

说起来，您那牢坐得是真冤，流放路上也吃了不少苦吧？还好老天有眼，还没到流放地，就叫您等到了天下大赦。人逢喜事精神爽，您方才这诗呀，吟得可真叫一个快意！

白袍男子闻之，朗声大笑：

哈哈，都过去了！接下来，我还要去参军报国，扫除叛贼！东山高卧时起来，欲济苍生未应晚！

女青年听到此处，内心惊诧万分：

什么？千秋万载、只此一位的堂堂诗仙，居然曾蒙冤入狱？还惨遭流放？

一直以为《早发白帝城》是李白年轻时的游山玩水之作，现在看来，竟是花甲之年坐牢流放，喜获大赦后的自由宣言？

那诗仙是因何而遭牢狱之灾？眼下又要去参什么军？平什么叛？

带着满腹疑团，女青年正欲抬步上前，拉住李白问个究竟。忽而船身一阵颠簸，女青年惊恐闭目，随后便觉耳边风声猎猎，一阵马蹄声由远及近，疾速而来。

江上怎会有马蹄之音？！

女青年难以置信地睁开双眼，却发现自己已身处山林，跌坐于一丛灌木之后。还没等她起身，只听嗖的一声，一支利箭划破长空。紧接着，一只体型硕健的苍鹰并着箭矢，砰一声落在灌木丛前。

片刻间，一骑快马呼啸而来。

马上之人，三十岁左右，浓眉阔耳，英姿勃勃，马蹄掠过灌木丛时，其从马背上探腰伸臂，一把将苍鹰提起，欢呼道：

太白兄，达夫兄，快来看，我射中啦！

旋即，又有二人纵马而至，年纪均略长于前者，其中一人高鼻深目，髯须微卷，笑回道：

不错啊子美，骑射之技，大有长进！

这人答道：

哈哈，太白兄过誉了，比起你的"闲骑骏马猎，一射两虎穿。回旋若流光，转背落双鸢"，可还差得远呢！

语罢，三人纵声大笑，驰骋而去。

只剩下女青年风中凌乱：

子美，子美……那不就是诗圣杜甫？！

我没看错吧？教科书上忧国忧民、满目悲悯的杜大叔，年轻时，竟如此潇洒，如此拉风？

他跟李白、高适，还是组团打猎的好哥们？！

正在女青年心中一团乱麻之际，缥缈旷远的声音再度响起：

颂其诗，读其书，不知其人，可乎？是以论其世也，是尚友也。

女青年听罢，像是回应，又像是喃喃自语：

这话的意思是，吟诵古人的诗歌，研究古人的著作，却不知古人的生平事迹，那怎么行？所以，要去了解古人的生活和时代，穿越时空，和古人交朋友……

话及此处，女青年的眼睛猛然一亮：

咦？这不是《孟子·万章章句下》中的话吗，莫非……您是……亚圣孟子？！

女青年挣扎起身，辗转四顾，虽未见其人，却依然忍不住欣喜高呼：

我懂啦！多谢圣贤指点！

一急之下，女青年猝然惊醒，书桌上的台灯，耀得她有些睁不开眼。

呵，原来是南柯一梦。

此后，女青年收起了钟爱多年的《唐诗三百首》，开始从图书馆和购书网站搬回一摞又一摞的诗人传记，废寝忘食，沉迷其间。

自此，诗人们对她来说，再也不是一尊尊高不可攀、面目模糊的诗坛神像，而是一群有血有肉、真实可亲的挚友——

提起李白，她脑子里不再仅仅闪现"伟大的浪漫主义诗人"，而是打打杀杀的江湖侠客、求神问道的修仙者、足迹遍布壮丽河山的旅游达人，是终生思乡的浪子，是挂念子女时肝肠寸断的父亲，更是生命不止、理想不灭的终极追梦人……

说到杜甫，她也不再只叹一句"忧国忧民"，而是知道，心怀苍生的杜大叔曾是血统高贵、门第显赫的高富帅，是无忧无虑、潇洒遨游的盛唐男青年，是终生仰慕诗仙李白的真爱粉，是安史之乱中只身奔袭、志在报国的孤胆英雄……

论及王维，她的印象亦不再只是风轻云淡的诗佛，而是父亲早逝、独撑门庭的王家长子，是玉树临风、连皇家公主都为之倾倒的白璧少年，是盛唐人人追捧的诗、画、乐三栖巨星，是徜徉山水、疗愈痛楚的伤心人……

在她眼中，诗人们也不再是一个个悬浮于历史的文化符号，而是纷纷落在了时代的缝隙中，与三百年大唐兴亡史纵横交错——

武则天称帝致骆宾王去向成谜，安史之乱使李白、杜甫、王维个个遭殃，永贞革新让刘禹锡、柳宗元的后半生深陷泥潭，牛李党争与李商隐的婚姻、杜牧的仕途有着千丝万缕的联系……

如此深入诗人的生活与时代中，那些千古名篇的创作背景、诗人当时的所思所想，亦随之自然解锁：

《将进酒》不只是李白与老友间的酣畅豪饮，更是诗仙在理想无处伸展的极致痛苦下喷薄出的借酒消愁之作；

《马说》看似是韩愈为千里马一鸣世无伯乐之苦，实则抒发的是其自身长安困顿十载、穷愁潦倒的怀才不遇之愤；

《长恨歌》表面是写李杨爱情，本质乃是白居易自身悲情苦恋的真实写照……

除此外，诗人们的人格精神，更为她的心灵注入无穷的力量和慰藉——

孟浩然的恬淡冲逸，李白的豪放自信，杜甫的爱国忧民，韩愈的永不言弃，白居易的乐天知命，李商隐的深情蕴藉……

她就这样流连于诗人们的各色人生中，跟着李白仗剑走天涯，同涉千山万水；陪着杜甫颠沛流离，共叹民生多艰；伴着李商隐在巴山秋雨中写下心中思念，一起长夜泪流……

每读一个诗人，女青年便觉多过了一种人生，多懂了一段历史，多体验了几番现实中无法抵达的人生之境，对孟子的话，感受亦愈来愈深刻：

是啊，思想源于生活，读诗的最高境界是读人。

诗词千年来魅力不减，正是源于文字背后这些各具性情的灵魂表达。世界如此之大，而我们个人的触点却如此之小。诗人的遭遇我们无法一一亲历，但他们的心情我们体会了，理解了，和他们共历悲欢浮沉，跟着他们跌宕起伏的一生一起哭一起笑，一起见证那一首首流传千古的锦绣篇章是在何种境遇下谱就，便可跨越古今，实现心灵的交流与人生况味的叠加。

我们与那一颗颗璀璨千古的文化之星，虽相隔千年却深感心意相通，于生生不息的古今共鸣中，使自我的生命和情感得到无限之延展。

在故事中读懂唐诗，在唐诗中触碰心灵，在心灵中映照历史——这把能开启唐诗新世界的金钥匙，女青年迫切想要传递给更多人；那些鲜活、真实、可爱的诗人朋友们，她热烈地想让更多人走近他们，了解他们，爱上他们。

于是，便有了这本书。

是为序。

目录

孟浩然

一手好牌打稀烂，我来示范给你看

（一）

唐，开元年间，帝都长安。

一阵急促的秋雨过后，夜空澄澈，新月初升。

秘书省大厅内，灯火通明，一场即景赋诗的联句赛诗会，即将开始。

来者都是雅擅文墨的朝廷官员，放眼望去，不乏诸多已是诗坛赫赫有名之辈。

比如，十九岁便凭"红豆生南国，春来发几枝"打动玉真公主、一举登科的太乐丞王维；

神句"海上生明月，天涯共此时"的作者、致力扫除六朝绮靡诗风的中书舍人张九龄；

"巴陵一望洞庭秋，日见孤峰水上浮"的老前辈、制举策论曾为天下第一的中书令张说；

还有凭借"秦时明月汉时关，万里长征人未还"争夺边塞一哥的校书郎王昌龄；

……

啧啧，个个都是超级大猛人。

其他到场的，还有尚书侍郎裴朏、吏部员外郎卢僎、校书郎刘眘虚等，一看这阵仗，几个人立马都是脸上笑嘻嘻，心里骂咧咧：

"呵呵呵，又是一个陪练的夜晚……"

很快，条桌接龙，长卷铺就，好戏开场。

吏部员外郎卢僎第一个拽步出席，拱手行礼：

"鄙人斗胆开场，文辞浅陋，还望诸位不吝赐教。"

语罢，行至案前，提笔落墨："雨露将天泽，文章播国风。"呵呵，配角的职责不就是冲在前面当炮灰嘛，我卢某人懂。

接下来是校书郎刘眘虚："应以修往业，亦惟立此身。"呵呵，我是二号炮灰，大佬们开心就好。

紧接着，三号、四号……N号炮灰们依次出场，大家这才发现，所谓"文辞浅陋"，对他们而言，真的不是谦辞。

终于，王昌龄一声暗笑，起身出席：

"郭外秋声急，城边月色残。"

炮灰们一阵骚动：

"啧啧，不愧是边塞猛男，雄浑，悲慨！"

紧接着，老前辈张说出场了：

"白首看黄叶，徂颜复几何。"

炮灰们又是争相点赞：

"要不说是前辈呢，借景抒情，高啊！"

张说题完，却不着急落座，而是转身望向与自己座次相邻的男子，微微点头，示意其登场一试。

大家这才发现，该男子似非官场同僚，十分面生。

与张说四目相对后，此人缓步出席，一袭白衫，身材颀长。

众人观之，心中俱是一震：

"好个骨貌淑清，风神散朗之人！不知是何方雅士……"

出人意料的是，此人并未走向案前长卷，而是径入庭院，驻足于一株粗大的梧桐树下。

此时，天边正缀着几缕薄云，残留在树梢的雨水不断汇聚、下坠、滴落，断续敲打在梧桐叶上。

啪嗒……啪嗒……

片刻，男子淡然一笑，语音清旷：

"微云淡河汉，疏雨滴梧桐。"

一联既出，举座震惊。

良久，张九龄率先掷笔：

"我大唐擅诗赋者众，然未见清幽冲淡至如此者，九龄甘拜下风！"

说完，望向王维。

王维凝眉良久，长叹一声：

"清绝至此，维亦不复为继也！"

语罢，起身奔向庭院，紧紧握起男子双手：

"敢问兄台高姓大名？幸然得识，相见恨晚也！"

男子后退一步，抽身还礼：

"承蒙阁下谬爱，在下襄阳布衣，孟浩然。"

（二）

当晚，该事件就刷屏式地登上了大唐各大平台的头版头条：

《布衣才子孟浩然秘书省一鸣惊人，引领清幽雅淡新诗风》；

《襄阳布衣秘书省力压群英，陶谢之后，山水田园派再现传人？》；

《张说力捧，张九龄王维争相结交，原来才华才是人生最好的通行证》

……

三十六岁，以布衣入京的孟浩然，就这样一炮而红，名动帝都。

在无数的赞扬声中，孟浩然的目光越过渺远的夜空，好像又看到了家乡的山山水水……

是的，他清醒地知道，自己之所以能创造这样的高光时刻，不是幸运，更非偶然——一切，源自故乡山水的馈赠。

有句话叫作：条条大路通罗马，而有的人生来就在罗马。

这话如果换算到孟浩然身上，那就是：

每个人都向往诗和远方，而哥生来就徜徉其中。

不信，来看孟浩然从小的生活环境——

涧南园即事贻皎上人

弊庐在郭外，素业唯田园。

左右林野旷，不闻城市喧。

钓竿垂北涧，樵唱入南轩。

书取幽栖事，将寻静者论。

孟浩然祖居襄阳城南，有田有房，耕读传家。

祖上留下的庄园名为涧南园（嗯，一听占地面积就不小）。

从诗中可知，涧南园东西林野开阔，远离闹市喧嚣，且北临溪涧，南傍山林，孟浩然闲来就在此泛舟垂钓、竹林逸歌，好不悠哉。

园中有孟浩然的起居之处。轩窗之外，树木葱茏，偶有片叶在夕阳的柔光下悠然飘落；傍晚来临，倦鸟归巢，无数流萤拖着亮亮的尾巴飞绕在水轩之上……

> 向夕开帘坐，庭阴叶落微。
> 鸟从烟树宿，萤傍水轩飞。

前院则是花草翠竹、曲径通幽，书读累了，孟浩然就信步闲庭，看翠羽鸟与兰花嬉戏，观红鲤鱼绕荷柄悠游：

> 狭径花将尽，闲庭竹扫净。
> 翠羽戏兰苕，赪鳞动荷柄。

到了仲夏之夜，则开轩纳凉，赏池月东升，听竹露清响，嗅荷风香气……兴之所至，或许还会抚琴一曲，感怀一下多日不见的老朋友：

夏日南亭怀辛大

> 山光忽西落，池月渐东上。
> 散发乘夕凉，开轩卧闲敞。
> 荷风送香气，竹露滴清响。
> 欲取鸣琴弹，恨无知音赏。

感此怀故人，中宵劳梦想。

看到这些，你以为孟浩然的诗意生活仅限于此了吗？

错。

除了世外桃源般的涧南园，整个明山秀水的襄阳城，都在孟浩然的诗意版图中。

（三）

比如，秋高气爽时登个山、望个远，顺便再写首诗寄给隐居的老朋友，喊他重阳节出来一起耍：

秋登万山寄张五

北山白云里，隐者自怡悦。

相望试登高，心随雁飞灭。

愁因薄暮起，兴是清秋发。

时见归村人，平沙渡头歇。

天边树若荠，江畔舟如月。

何当载酒来，共醉重阳节。

咦？山下还有潭？

那也不能放过。磐石上钓会儿鱼，再溜达两圈找找曹植《洛神赋》里神女解下的玉佩；待到夜月东升，清辉满舟，则棹歌而还，何其逍遥。

万山潭作

垂钓坐磐石，水清心亦闲。

鱼行潭树下，猿挂岛藤间。

游女昔解佩，传闻于此山。

求之不可得，沿月棹歌还。

襄阳坐落在汉水之滨，对孟浩然来说，美丽的汉水风光又怎能不亲往睹之？

春日冰雪消融，江水碧蓝千里，鸟语花香中，歌妓小姐姐们的花钿金钗荡漾在摇动的波影之上，怎一个春光无限了得。

初春汉中漾舟

羊公岘山下，神女汉皋曲。

雪罢冰复开，春潭千丈绿。

轻舟恣来往，探玩无厌足。

波影摇妓钗，沙光逐人目。

倾杯鱼鸟醉，联句莺花续。

良会难再逢，日入须秉烛。

令人服气的是，日子都诗意到这种程度了，孟浩然硬是还能再升级——二十岁出头，因仰慕东汉名士庞德公，他隐居到了风光秀丽的鹿门山。

（四）

至于庞德公是何许人，说一点就够了。

他评价诸葛亮为"卧龙"，庞统为"凤雏"，令二人名扬天下。

此人有大才，又久负盛名，荆州刺史刘表曾数次请其出山进府，他都坚辞不受，最后隐于鹿门山，采药而终，极具传奇色彩。

为追慕先贤高风而隐居鹿门山后，孟浩然的日常生活是这样的：

夜归鹿门山歌

山寺钟鸣昼已昏，渔梁渡头争渡喧。

人随沙岸向江村，余亦乘舟归鹿门。

鹿门月照开烟树，忽到庞公栖隐处。

岩扉松径长寂寥，惟有幽人自来去。

你看，黄昏来临，江边渡头喧嚣，村民们各自上岸还家，唯孟浩然超尘出世，独自归往鹿门山。

夜色来临，山间本是云烟暮霭，山月一出，则又清光朗照。

孟浩然信步拾阶，蜿蜒辗转，不知不觉就到了庞公昔时隐居之处，山岩之内，柴扉半掩，松径之下，诗人怀古思今，独自徘徊……

啧啧，好一幅隐者清幽图。

到了春日清晨，诗意继续流淌：

春晓

春眠不觉晓，处处闻啼鸟。

夜来风雨声，花落知多少。

在百鸟啼鸣中，孟浩然一觉睡到自然醒，打个哈欠，伸个懒腰，想到昨夜的风雨之声，再推开窗户，数数落花……

什么？你说这样的日子太寂寞？

不怕，隔三岔五，孟同学也会出山会友：

过故人庄

故人具鸡黍，邀我至田家。

绿树村边合，青山郭外斜。

开轩面场圃，把酒话桑麻。

待到重阳日，还来就菊花。

或是呼朋引伴，探寻古迹名胜：

与诸子登岘山

人事有代谢，往来成古今。

江山留胜迹，我辈复登临。

水落鱼梁浅，天寒梦泽深。

羊公碑尚在，读罢泪沾襟。

啧啧，感觉没法再写下去了。

想想我们这些苦闷的现代人，为了房子、车子、票子，辛苦奔波，已经多久没有抬头看一朵云、低头嗅一朵花、拿笔写一段心情，对比孟浩然这神仙般的日子，伤感的泪水已经再难抑制：

哎，什么叫生活，人家孟浩然那日子才叫生活啊！

我们充其量……只能算活着。

不过，先别急着擦干眼泪，更扎心的还在后面，因为：

人家孟浩然不仅过得比我们爽，才华还比我们高呢！

（五）

就拿上面三首诗来说吧。

第一首《春晓》。

儿童启蒙诗歌榜必选篇目，一千多年来，除李白的《静夜思》和骆宾王的《鹅》，论传唱度，无诗能出其右。

然而，对于这首朗朗上口、清新简短的小诗，很多人第一反应往往是：

这也叫诗？老子都能写！

呵呵，你可拉倒吧。

在这首诗里，你能找到任何具体的场景描摹吗？有什么正儿八经的事件讲述吗？

都没有。

诗人只是选取了清晨醒来鸟鸣入耳，而后惋惜雨打花落的一刹那的心理活动，将之细节化、典型化，仅以二十个字，就赋予它无限情意：

全篇无一字写惜春，却因花落春去，使你不得不惜，成为流传千古的佳作。

你说厉不厉害？

如果还不服，咱们再看第二首《过故人庄》。

乍一读，又觉平平无奇对不对？

可再一品，却发现寥寥几笔，有景物、有情节、有对话，一切历历如画，仿佛一组电影镜头徐徐铺展。

而且在这首诗里，孟浩然又一次完美展示了什么叫作"意在言外"——

通篇老孟有交代自己和故人的交情如何吗？

没有。

然而，通过开篇的一邀即至，中间的开轩把酒，最后的重阳再约（还是老孟主动提的），宾主间的深厚情谊已不言而自现。

你说这手法高不高？

再看第三首《与诸子登岘山》。

如果说前两首的平淡疏朗、不饰刻画属孟浩然的拿手好戏，那么这首则让我们见识到其诗歌风格的多样性：

哇，原来山水田园派的孟同学，也有气势雄浑的一面呀！

来，一起感受下这首诗的壮逸之美。

先看开篇两句。

"人事有代谢，往来成古今"——起笔何等高亢！

仅以十个字，就写透了宇宙无限、历史更迭的沧桑之感，慨然怀古之情，横空而出。

再看三四句。

"江山留胜迹，我辈复登临"——角度猛然收缩，将自己一次普通的登山，置身于时空更迭的大背景下，使其成为天地运转、人事代谢的一部分。此何等之自信，何等之气势！可谓非盛唐之人不能语也！

整首诗的艺术表现力，如同电影镜头中的两极调度，大开大合，至远至近，气象异常豪迈。

（六）

怎么样，看到这儿，对孟浩然的才情，大家总该心服口服了吧？

不然，难道你比李白还大牌？！

对，你没看错。

此时此刻，有个叫李白的粉丝正扬着手中的诗稿，向孟浩然疯狂比心。

赠孟浩然

> 吾爱孟夫子，风流天下闻。
> 红颜弃轩冕，白首卧松云。
> 醉月频中圣，迷花不事君。
> 高山安可仰，徒此揖清芬。

啧啧，开篇就直呼"吾爱孟夫子"，这肉麻程度，连迷弟杜甫写给他的"三夜频梦君，情亲见君意"都要甘拜下风。

结尾就更厉害了：

我对孟夫子真是高山仰止，我怎么可能达到他的高度呢？只能默默仰慕他淡泊名利的芬芳人格，感受他风雅潇洒的隐者风范……

妈呀，看到这儿，你是不是想立马弹起来，给李大哥打一波穿越电话：

喂！李大哥，这真是你写的吗？！你要是被绑架了你就眨眨眼！

也不能怪我们一时接受不了。

毕竟，就算是对九五之尊的玄宗大大，我们李大哥，也没吹出过这样的彩虹屁呀！

可以说，放眼整个唐代诗坛，你都找不出比这更热烈、更直白的粉丝向偶像致敬的告白诗了！

至于有李大哥这样一个粉丝，是多么长脸的事儿，咱们将一将就知道了。

"诗圣"杜大叔，够有才吧，不好意思，在李大哥面前，只是个粉丝小老弟。

"诗佛"王维，够优秀吧，诗、文、书、画、乐，样样登峰造极，关键小伙儿还长得贼拉帅，简直360度无死角（啊啊啊，我的少女心啊）。结果呢，李大哥从来不甩人家，自始至终零交集。

（王维：好无奈哦，完美到没朋友呢。）

也就"七绝圣手"王昌龄，赚了李大哥一句：我寄愁心与明月，随风直到夜郎西。很感人，但也不过是惺惺相惜的哥们之情、平交之谊。

以上也不足为奇，毕竟，我们李大哥可是连孔子都看不上眼的王者人物——我本楚狂人，凤歌笑孔丘……

（孔夫子：瞅把你给能的，咋不上天呢！）

结果，就是这样一个眼高于顶、酷炫狂拽的李太白，对孟浩然却崇拜喜爱到了如此地步：

黄鹤楼送孟浩然之广陵

故人西辞黄鹤楼，烟花三月下扬州。

孤帆远影碧空尽，唯见长江天际流。

你看，跟偶像别离，船都远到没入天际、遥不可辨了，李大哥依然深情凝望，不舍离去……

然而，反常的是，对这样一个超重量级粉丝，孟浩然笔下却没有任何赠诗流传下来。

要知道，杜甫虽一再被大家嘲笑倒贴李白，但好歹李大哥也回过他几首诗呀！

（杜甫：天道好轮回，苍天饶过谁……）

我猜，孟浩然当时的内心独白大概是这样的：

你个川娃子，哥的理想哪里是什么"醉月频中圣，迷花不事君"，而是"壮志吞鸿鹄，遥心伴鹡鸰"好吧！

（七）

是的，虽然孟浩然的前半生看起来都是在悠游山水，但那只是表面现象。

背地里，其实人家用功着呢：

· 苦学三十载，闭门江汉阴。

· 昼夜常自强，词翰颇亦工。

· 少年弄文墨，属意在章句。

而孟浩然之所以如此苦学，是因为和其他盛唐诗人一样，他也有着积极的用世之心。

这从其自述家世的篇章中，便可窥得一二：

> 维先自邹鲁，家世重儒风。
>
> 诗礼袭遗训，趋庭沾末躬。

看到没，孟浩然同学说自己是亚圣孟子之后，而且"家世重儒风"。

儒家学说的宗旨是什么？

修身、齐家、治国、平天下嘛。

嗯，已经用了半生时间"修身齐家"，是时候踏上"治国平天下"的征程了。

开元四年（716年），孟浩然向时任岳州刺史且一向喜欢提携后辈的前宰相张说投诗自荐，一不小心又挥洒出一首历代传颂的千古大作：

望洞庭湖赠张丞相

八月湖水平，涵虚混太清。

气蒸云梦泽，波撼岳阳城。

欲济无舟楫，端居耻圣明。

坐观垂钓者，徒有羡鱼情。

此诗前两联气势磅礴，历来脍炙人口。

一个"平"字点出了八百里洞庭湖的辽阔，一个"混"字又绘出了水天一色的浩渺；与三百年后范仲淹笔下的"衔远山，吞长江，浩浩汤汤，横无际涯"可谓异曲同工。

三四句的"蒸""撼"两字则如泼墨山水般的大笔渲绘，响亮地描绘出洞庭湖波涛翻滚、震天动地的壮浪之气，雄浑天成，气概横绝。

也无怪后人对此联赞叹无已：

"洞庭天下壮观。骚人墨客，题者众矣。终未若'气蒸云梦泽，波撼岳阳城'气象雄张，旷然如在目前。"

"孟诗本自清澹，独此联气胜，与少陵敌，胸中几不可测。"

"与少陵敌"意指可与杜甫《岳阳楼》中写洞庭湖的名句"吴楚东南坼，乾坤日夜浮"一联相匹敌。

啧啧，一篇投简历找工作的干谒[1]之作，竟写出了如此高度，你说张说心不心动？

于是，待其调归朝廷后，当即就邀孟浩然入京，打算择机向玄宗推荐。

而孟浩然也不负张说厚望，一入长安，就如开篇所述，于秘书省联诗会上大展文辞，名噪帝都。

1　干谒，指古代文人士子为达到延誉、入仕、升迁等目的，拜访达官显贵或向其投递诗文的行为。

那么，孟夫子真的就此扶摇直上入九天了吗？

答案是，不能够——前半辈子过得比神仙还爽，又有李白那么逆天的粉丝，再让你轻轻松松当上官，还有天理吗？还让别人活吗？！

就这样，前方的坑，命运已经悄然为其挖好——孟浩然却还浑然不觉。

（八）

自秘书省相见恨晚后，孟浩然与王维感情迅速升温，几乎日日都在一起研讨诗歌，畅谈人生。

有一天，可能是不好翘班，王维索性偷偷把孟浩然带进了官署。

而另一边，万年不入下属办公室的玄宗大大因为一时兴起，有个音乐方面的问题想找王维商讨，也朝太乐署走来！

用相声演员岳云鹏的话来说，这不巧了吗！这不巧了吗！

随着一声"圣上驾到，太乐丞接驾"的唱喏，王维一口热茶喷将出来，孟浩然则直接滑到了椅子下面：

哥们，这可咋整？！

二人如此惊慌是因为：私邀闲人出入宫廷，乃是欺君大罪，闹不好掉脑袋……

不暇细想，孟浩然就势躲进了床榻之下，王维则匆忙接驾。

待玄宗入室后，王维看着案几上两杯热气腾腾的茶水，再瞄一眼榻下孟浩然露出的衣角，大脑极速运转：

这么明显，怎么瞒得过英明神武的李老板？

与其被发现，不如主动认了，说不定老板欣赏孟兄的才华，不但大事化无，还能赐他一官半职……

想到这，王维眼一闭心一横，将情况向玄宗如实脱出。

所幸，结果恰如他所设想，玄宗非但没有开罪二人，反而颇有兴致：此人朕素有耳闻。中书令张说对其才华赞誉有加，前一阵秘省赋诗又大放异彩，朕正想找机会召其入宫，一绞风雅。

"今日巧遇，何不出来与朕相见？"

王维闻之大喜，赶紧把孟浩然从床底扒拉出来，拜见玄宗。

"孟卿，最近可有新作可赏？"

孟浩然此时还处于极度的紧张之中，他久居乡野，疏于世事，如今猛然间直面九五之尊，又是在一个如此仓促尴尬的环境下……

于是，听到玄宗发问后，状态不在线的他一时脑子短路，吟诵了这么一首诗：

岁暮归南山

北阙休上书，南山归敝庐。

不才明主弃，多病故人疏。

白发催年老，青阳逼岁除。

永怀愁不寐，松月夜窗虚。

孟浩然甫一开口，王维便心下一沉，听到"不才明主弃"时则闭目扶额、痛苦地别过了身子：

大哥，你这不是自断前程吗？！

什么叫你才华不高，皇帝看不上你？这不相当于控诉李老板没有识人之才，埋没了你吗？！

啊啊啊！兄弟，咱出门能不能带上脑子！！

……

王维分析得没错，一诗吟毕，玄宗脸上的笑容早已凝成冰块：

"明明是你没找朕应聘过，咋诬赖朕看不上你呢？！"

"起驾回宫！"

你看，本应该是一个绝佳的"见证奇迹的时刻"，结果就这样彻底搞翻车。

半晌，孟浩然才如梦初醒：

"阿维，我只是想自谦一把的，没想到整过头，负能量严重超标了是不是……"

王维只能挤出一丝苦笑：

"走吧哥们，喝酒去。"

（九）

这件事对孟浩然的打击很大。

三十多年的朝夕苦读，多少个日日夜夜关于理想与仕途的畅想，统统止步于一首不合时宜的诗。

黯然离京后，郁闷至极的他，先后漫游川蜀、吴越。

自此，半生闲逸的他才算是真正开始经受生活的锤炼，体会到为生存和理想而挣扎的无奈：

·自此历江湖，辛勤难具论。

·乡园万余里，失路一相悲。

·今宵有明月，乡思远凄凄。

......

除了旅途艰辛、乡思难抑，更让他痛苦的是自己再也不能像从前一样毫无机心、超然世外地徜徉山水，因为那被迫中断的理想之路没有一刻不在他内心继续延展：

· 未能忘魏阙，空此滞秦稽。

· 魏阙心恒在，金门诏不忘。

· 望断金马门，劳歌采樵路。

......

这些诗句翻译过来，其实都是一个意思：唉，我始终忘不了长安城啊！

于是，开元十六年（728年），四十岁的孟浩然再一次奔赴长安，希望能够通过科举考试为上一次的失误翻盘。

然而，不幸落第。

后来，开元十九年（731年），玄宗临幸东都洛阳，孟浩然也曾前往寻求机会，结果仍是一无所获。

年过四十，一无作为，此时的他，再也没有了从前的冲淡和飘逸，而是被人生就此落空的恐惧和哀伤时时环绕：

· 隙驹不暂驻，日听凉蝉悲。

· 弃置乡园老，翻飞羽翼摧。

· 壮图衰未立，斑白恨吾衰。

......

在这样的痛苦之下，他又开始东游吴越。那首空灵蕴藉、清幽至极，被后人评为"神品""奇作"的五绝名篇《宿建德江》，就作于此时期：

> 移舟泊烟渚，日暮客愁新。
> 野旷天低树，江清月近人。

日暮时分，孟浩然乘坐的小舟，停泊在烟雾苍茫的水中沙洲。

原野空阔，远处的天空仿佛比树还要低；江水清澈，一轮明月映衬其中，似要与人来亲近。

在广袤而宁静的无垠宇宙下，在万籁俱寂的霭霭黄昏中，想到自己寸功未建，却已然白头，无边的愁绪在孟浩然心中升腾、弥漫，最后充盈到身体的每一个角落，里面有：

羁旅的惆怅，故乡的远思，理想的幻灭，人生的落空……

（十）

也许是看到孟浩然太痛苦了，上天决定再给他一次机会。

735 年，襄阳刺史韩朝宗，计划向朝廷引荐孟浩然。

这位韩朝宗，就是李白干谒诗（即相当于现在的求职信）中"生不用封万户侯，但愿一识韩荆州"的韩荆州本尊，能让李白都曾如此屈尊降贵地拍马屁，此人来头可谓不小。有他举荐，按理说，成功率应该不低。

结果呢，约定入京的日子，孟浩然却跟一位朋友飚酒喝高了，放了人家鸽子……

很多人都把孟浩然这一行为，捧高成淡泊名利、好乐忘名，或是"诗人那可爱的任性"。

恕我不能苟同。

读读他后半生写的那些人生价值无从实现、担心生命虚空的诗句吧，其中的痛苦是多么深重！

你就会知道，真正的原因绝不可能是那般轻巧。

那么大家可能要问了：

既然孟浩然求仕心切，机会来临，却又为何放弃呢？

答案是：他在怕，在逃避。

此时的孟浩然已经四十七岁，之前求仕失败的数次经历，已经给内敛、敏感、清高的他，留下了太多的痛苦和阴影，他怕这一次又会像从前一样，失败得一塌糊涂。

他没有勇气再面对这样的打击，也无力再承受这样的痛苦……

是的，不是每一个人都有李白那么昂扬的斗志，六十几岁从牢里出来，还想着去参军御敌。

理想的门票，从来都是昂贵的。

后来张九龄任荆州长史时，孟浩然曾至其幕下短暂任职，后还归田园，终生不仕。

（十一）

又是最后的综评时刻。

从诗歌角度来讲，孟浩然是盛唐第一个多景观的山水诗作者，也是继陶渊明之后第一个大量描写田园、隐逸题材之人。

最终将山水、田园两个类别结合起来，上承陶谢，下启王维，开一代风气之先。

其诗自然冲淡、清逸闲远，有大巧不工之美，"诵之有泉流石上，风来松下之音"。

虽然整体诗歌成就不及同组合的王维更全面多样，但就山水诗而言，二人可谓花开并蒂，各得风采：

"王右丞如秋水芙蓉，倚风自笑；孟浩然如洞庭始波，木叶微落。"

从人生经历来讲，相比其他盛唐诗人，孟浩然的一生非常简单，前半生乡居读书，下半生外出求仕。

他本性喜爱山水自然，又受隐逸思想影响较重，而家庭教育奉行儒家学说，加上盛世环境下读书人当有一番作为的时代思想，造成了其颇为纠结矛盾的后半生——想要追求功名，却清高拉不下脸，不能拼尽全力地干谒奔走；退回曾经的乡居生活，却又深恐生命落空，难复往日那份闲适平和的心境。

综观孟浩然的一生，我个人最深刻的感受是：

比起不知道自己想要什么，也许更痛苦的是，明明知道自己的目标在哪里，却不能拼尽全力去抵达。

欧阳修有句话讲得好："遇事无难易，而勇于敢为。"

多么希望孟浩然也曾为理想毫无保留地燃烧激情，哪怕最后像李白一样仍是两手空空，但最起码可以告诉自己：

我真的用尽全力了。

然后毅然决然地走向同样深情爱着的山水田园，不再频频回首。

最后，借一首我非常喜爱的王维的诗来作结，祝福生命的最终，孟浩然也曾得到诗中的那一份释然——

送别

下马饮君酒，问君何所之。

君言不得意，归卧南山陲。

但去莫复问，白云无尽时。

周公子每期一问

王维

有哥在，李白杜甫也得靠边站

（一）

大唐开元年间，一个二十岁的年轻人，最近有点烦。

自从自己高中状元，王公贵族们便趋之若鹜、请柬不断，几乎日日都要吟游赴宴。

上门提亲的人更是踏破了门槛、争破了头，不知多少官宦人家意欲引其为乘龙快婿……

只是这些，倒也罢了。

最令年轻人无奈的是，还有一些八卦小报捕风捉影，到处造谣散播他和玉真公主的绯闻：《新科状元与玉真公主不得不说的故事》《揭秘王维科考之路：才华颜值双绝伦，琵琶一曲定功名》……

正烦闷间，只见书童又抱了厚厚一叠文人考生们相求结交的诗文和名帖而来，年轻人帅气的侧脸上，不由浮出一丝苦笑，摇着头轻叹了一口气："何时可得清静啊！哥都没时间搞创作了……"

烦归烦，班还是要上的。

身为太乐丞，他最近正在负责排练一支乐曲，名为《五方狮子舞》。当天一切都很顺利，即将收工之际，一个伶人下属却突然私自舞起了五方狮子中的黄狮子，年轻人大惊失色，连忙喊停！

可惜一切为时晚矣，暗处一双鬼鬼祟祟的眼睛看到这一幕后，露出了阴险又得意的笑容：王维，你的好运到此为止了！

（二）

看到这儿，如果你以为这个叫王维的年轻人招人嫉妒只是因为"运气好"，那你就天真了。

其实他更令人嫉妒的是以下：

首先是出身。公元 701 年，王维出生于五大望族之一的太原王氏，门第高贵，其母更是出身于五大望族之首的博陵崔氏。

五大望族虽形成于魏晋时期，但到了唐代依然地位尊崇，至于尊崇到什么地步，一个例子就可以完美说明。

据可靠记载，有一次唐太宗为公主招驸马，结果诡异的现象出现了：大臣们居然纷纷称病躲避，无人应征。

天呀！公主啊！驸马啊！这种好事都不干？！

是的，你没看错，因为他们都想和五大望族联姻，以至于连公主也不愿娶！

啧啧，真是活久见。如果大臣们不是集体脑子进水，那就只能说明，五大望族在唐代的地位，确实非比寻常。（心疼公主三分钟……）

讲完出身，接下来我们要秀才华了。

出身名门又是长子的王维，从小接受的是全面的素质教育，《唐才子传》记录他"九岁知属辞，工草隶，闲音律"，也就是说，王维不仅从小吟诗作文，还工书擅画，雅通音律。

一般来说，我们普通人一辈子能练就一样看家本领就阿弥陀佛了，可人家王维却样样都玩出了花。（到现在一样都没练好的我，已哭晕在厕所）

作诗就不用说了，诗至盛唐，众体皆备，而王维无所不长。明代《唐诗品汇》中说"五古七古，以王维为名家；五律七律五排五绝，以王维为正宗；七绝以王维为羽翼。"史传称王维"天宝中诗名冠代"，唐代宗更誉其为"天下文宗"，连杜甫当时都是王维的真爱粉，赞王维之诗为"最传秀句寰区满"……除此外，王维还以自己的一颗云水禅心，将山水田园诗开辟出一个新境界。

书法上王维兼长草、隶各体；绘画方面更达到了开山鼻祖级别，后世誉其为"南宗画派之祖"，钱锺书甚至奉他为"盛唐画坛第一把交椅"。连王维自己都自负地说"宿世谬词客，前身应画师"——哎，哥是一个被写诗耽误了的画家啊！

音乐才能也被传得神乎其神，传说有人弄到一幅奏乐图，但不知如何题名。王维瞥了一眼，便轻描淡写道："图中所弹乃《霓裳羽衣曲》第三叠第一拍。"——这都能看出来，吹吧你？！有好事者便请来乐师演奏，对照之下，竟分毫不差。

你说服不服？

有如此才华如果人还长得帅，那真的就是没天理了。

偏偏这种"没天理"的事就让王维摊上了。后人形容王维"妙年洁白，风姿都美"——可以了，不需要更多了，就这八个字的想象空间，已足以倾倒众生了。（身为资深外貌协会成员的我已经口水一地）

看到这儿，是不是已经发自内心地羡慕嫉妒恨：有如此出身，又何必有如此才华，有如此才华，又何必有如此颜值啊！！

先别急着膜拜，下面还有更刺激的：

王维同学不仅才华颜值双在线，更让人嫉妒到吐血的是，他居然还一举打破了天才们智商高情商低，一正必一负的千古魔咒！（反面典型：王勃、骆宾王……）

口说无凭，上实锤：

话说有一天王大帅哥心血来潮，想约一个叫裴迪的小伙伴出来游山玩水，而裴老弟当时正头悬梁锥刺股，热火朝天备考公务员，这个时候换你会怎么说？

我猜一般人大概会这样讲：学什么，出来玩！

然而人家王维是这样说的："非子天机清妙者，岂能以此不急之务相邀……"

意思就是：还不都是因为你太与众不同、太有趣了，人家实在忍不住想喊你出来耍哦。

啧啧，王大帅哥，咱还能再会聊天一点吗？——就凭这句话，裴迪是不是"天机清妙"我们不知道，你王维"天机清妙"，倒是证据确凿了！

所谓"好看的皮囊千篇一律，有趣的灵魂万里挑一"，而王维同学二者兼具，再加上逆天的才华，简直百万里也难挑其一。

有人说：上帝给谁的都不会太多——此时此刻，我只想代表人民群众问一句：这话谁说的？来来来，站出来，我们保证不打死你！

（三）

其实上面那句话，说得没毛病。

上天固然给了王维万千宠爱，但也确实一次又一次夺走了他最为宝贵的东西，首先是九岁时痛失父爱。

父亲早逝，家道中落，母亲独自一人拉扯养活七个孩子，其中艰辛，可想而知。身为长子的王维，没有一天不在期盼自己可以早日成人，为母分忧。

转眼到了十五岁，已是翩翩少年郎的王维，决定踏上征程，进京求仕。

没爹的孩子早当家啊！

人家有爹的孩子，十五岁时，过的是这样的日子：

> 忆年十五心尚孩，健如黄犊走复来。
> 庭前八月梨枣熟，一日上树能千回。
>
> ——杜甫《百忧集行》

就这样，在同龄人还在摘梨摸枣的年纪，王维同学已经身负诗、文、书、画、乐五项绝学，高手林立的盛唐诗坛，即将迎来一个熠熠生彩的大明星。

开元四年（716年），辉煌的大唐盛世，已拉开华丽的序幕。

一个踌躇满志的少年，向着帝都长安的方向进发了。

他的眼中透着一股与年龄并不相称的沉稳与从容：我一定要金榜题名，衣锦还乡！

唯有如此，才能重振门庭，回报母亲！

长安，我来了！

（四）

独在异乡为异客，每逢佳节倍思亲。

遥知兄弟登高处，遍插茱萸少一人。

独闯帝都、初涉诗坛的王维，丝毫没有怯场，一上台就交出了令人惊艳的作品，比如这首作于十七岁的《九月九日忆山东兄弟》，一不小心就刷屏刷了一千多年。

一句"每逢佳节倍思亲"，简直是他乡游子逢年过节、思乡怀旧之必备金句。

自古高手出少年啊！

凭借几首口碑爆棚的初期代表作（另有《洛阳女儿行》《桃源行》等），再加上音乐、绘画、书法等各项技能的神助攻，王维很快就在人才济济的长安城脱颖而出，一举成为王公贵族的座上宾。

我们来看看当时的王维，受欢迎到什么程度：

"名盛于开元、天宝间，豪英贵人虚左以迎，宁、薛王待若师友"（宁王、薛王都是唐玄宗的兄弟）。

文人墨客更是争相以结识王维为荣，彼时的王维俨然成了上流社会"品位"的代名词，走到哪儿都自带巨星光环，身边是清一色的土豪真爱粉。

其中，以身为重度音乐发烧友的歧王李范，与王维最为投契（就是杜甫诗中"岐王宅里寻常见"的岐王，为玄宗之弟）。

彼时李白尚未出川，杜甫还在家上墙爬树，盛唐诗坛上，王维可谓独步江湖、一枝独秀！

年少的王维并没有因此而飘飘然，而是时刻铭记自己来长安的目标：科考在即，势在必得！

可就在此时，岐王却告诉了他一个坏消息："听说今年京兆府试，早有人通过玉真公主举荐，第一名恐已内定……"

闻听此言，王维星光熠熠的眼眸瞬时黯淡了下去。

岐王却报之一笑："摩诘（王维字摩诘）不必沮丧，我自有妙计助你夺魁！"

（五）

几日后，岐王在府内大宴玉真公主。

觥筹交错间，岐王笑谈自己近来得遇佳曲，欲邀公主一同赏鉴，亦喜音律的玉真公主自是欣然允之。

岐王一个手势后，但见乐厅内款款步出一个怀抱琵琶的少年，长身玉立，眉目疏朗，向王爷公主大方施礼后，便风姿落落地行至乐厅中央就座。

玉真公主不禁暗自惊叹：此少年气度雍容，不似伶人，不知何许人也！

（不愧是公主，好眼力！）

再回看处，少年已是轻拨琴弦，指尖翻飞，一首《郁轮袍》如山涧清泉倾泻而出，顷刻间大厅之内凤吟鸾吹、佳音绕梁，明快处似高山落流水，哀切处如孤雁啸长空。

一曲终了，玉真公主惊为天人——"如此才俊，屈就乐工，简直暴殄天物啊！"

岐王闻之，朗然一笑："皇妹误会，此人并非乐工，乃是为兄知音啊！他不仅琵琶弹得好，诗词绘画更是当今独步，实为难得一见之全才！"

玉真公主更加惊诧："此人还能吟诗作画？可有诗作可赏？"

闻听此语，王维放下琵琶，从容奉上诗稿。公主翻开诗集，顿感眼前一亮：天哪！字也写得这么好！

而接下来映入眼帘的这首小诗，其清新绝伦，更是令玉真公主惊呼不已。

相思

红豆生南国，春来发几枝。

愿君多采撷，此物最相思。

"苍天哪！我早就拜读此诗，一直以为是先贤佳作，没想到竟出自当世少年郎之手，如此大才，何不参加科考，一展所长啊！"

剧情至此，正中岐王下怀，于是其顿做痛心疾首状："唉！不瞒皇妹，此人身负绝学，志在夺魁，而今听说第一名已由皇妹许与他人，恐怕他是不会去赴试了……大唐失此良才，实在可惜啊！"

语罢，岐王端起酒杯一饮而尽，而后又是一声喟然长叹："唉！可惜啊可惜！"

（这场戏，男主角王维的才华我给 100 分，编、导、演三体合一的岐王演技我给 110 分！）

性情中人的玉真公主，此时已彻底被岐王饱满的情绪所感染，只见她玉手一拍，蛾眉一挑，豪气干云地说道："好个有志青年！明明可以靠颜值，却偏偏要靠才华！如此人才不中状元，谁中状元？！我现在就发消息给考功郎，必取王维为解头！"

大功告成！

岐王心中暗喜，表面却是故作嗔怒："摩诘，还不快向公主致谢！"（老天爷，岐王这样的贵人请人手一个好不好！）

（六）

就这样，自带才华加贵人相助，十九岁的王维在京兆府试中一举夺魁，光耀门楣，第二年又进士及第，轰动长安。

这绝对是一件秒登头条的大新闻。

"三十老明经，五十少进士"——在唐朝，三十岁考中明经，出门已经不好意思跟人打招呼了，但五十岁中进士，却还是可以敲锣打鼓的风光事。比如孟郊,四十六岁才考中,庆功宴和退休仪式差不多都可以一起办了,还豪情万丈地写下"春风得意马蹄疾,一日看尽长安花"!

而王维不过才二十岁就中了进士,其风光程度可想而知。

少年行·其一

新丰美酒斗十千,咸阳游侠多少年。

相逢意气为君饮,系马高楼垂柳边。

别人穷其一生追求的繁华与风光,王维弱冠之年便已尽数拥有,怎不令人志得意满:

母亲,我终于做到了!无愧你的付出与期待!

此时的王维恰似一个少年英侠,满怀盛唐的意气与豪情。然而,就在他张开双臂,准备尽情拥抱更加美好灿烂的明天时,意外发生了。

(七)

进士及第后,王维被量才适用任职为太乐丞,专门负责皇家歌舞音乐类事务,这个艺术类职位对王维来说,可谓人岗相宜,如鱼得水。

可王维一路走来,实在太顺利了,嫉妒眼红者自然不在少数。所以任职不到半年,就因"伶人舞黄狮子",被人一举告发,贬官千里!

只是舞个狮子而已，有那么严重吗？——答案是有的，因为在唐代黄狮子舞是帝王专利，任何官员不得在皇帝未到场时私自观看，否则论罪处理！

看似是一件小事，却犯了皇家大忌，王维因此被贬出帝都长安，远赴千里之外的山东济州，任职司仓参军。（我维，大美山东欢迎你！）

一朝从风光无限的皇家歌舞团团长下放到基层粮仓管理员，对王维来说，简直就是从云端跌落深渊，回首昨日还是炙手可热的王公贵族座上宾，今时却已是无人问津的天涯沦落人。

二十年的寒窗苦读，才走到今天的位置，而失去却只是一瞬间。

> 微官易得罪，谪去济州阴。
>
> ……
>
> 纵有归来日，多愁年鬓侵。

纵有归来之日，或许也已是两鬓斑白——敏感的王维已预感到此去前程叵测：还会有柳暗花明的一天吗？

王维的预感没有错，他的淬火之旅才刚刚开始。

（八）

杂诗三首·其二

> 君自故乡来，应知故乡事。
>
> 来日绮窗前，寒梅著花未？

贬黜的岁月中，最牵挂的，还是魂牵梦绕的家。

万千的思乡之情，见到远道而来的故人，却只化作轻轻的一问：老乡，你来的时候，我家窗前的那株蜡梅结花苞了吗？（窗后是否有佳人在等待？）

看似是不经意的一问，却让每一个读到此诗的人都禁不住心起涟漪——又是一首思乡的佳作，比之十七岁的"独在异乡为异客"更添意境。

济州的基层公务员，王维一干就是四年。好不容易后来遇到大赦，回到长安，可惜很快又被分配到淇上，境遇并没有什么起色。

二十到三十几岁的大好时光，就这样在仕途蹭蹬中悄然流逝。而长兄如父，此时的王维还担负着家庭的重担——"小妹日成长，兄弟未有娶"，所以即使心中苦闷，也只能"此去欲何言，穷边徇微禄"。

好在上天并没有将王维彻底遗忘。

开元二十二年（734年），张九龄拜相。王维上诗明志，被提拔为右拾遗，从八品，与第一个官职太乐丞为同级。用了十几年才回到曾经的高度，可见"舞狮案"对王维来说，是个多大的坑。

好不容易才从坑里爬出来，可惜好景不长，三年之后，张九龄被口蜜腹剑的李林甫所排挤，贬为荆州长史。王维又一次迎来了人生的转折点。

"举世无相识，终生思旧恩！"——望着恩师张九龄黯然离去的背影，王维知道自己恐怕再也没有机会在政治上有所作为了。

果不其然，他的预感又一次得到了验证：很快，李林甫就以慰问军队为由，将他支到了荒远的凉州。

是的，这次被贬得更远。

（这个李林甫，就是后面杜甫科考时遇上的那个煞星，到处都有他的影子，真是名副其实的害人精！）

但这次我们要感谢李林甫，因为没有此番出塞，也就没有下面这首"千古壮观"的名篇：

使至塞上

单车欲问边，属国过居延。

征蓬出汉塞，归雁入胡天。

大漠孤烟直，长河落日圆。

萧关逢候骑，都护在燕然。

不愧是画中圣手，一个"直"，一个"圆"，一副雄浑大气的边塞图呼之欲出！

明人徐增在《而庵说唐诗》里评价此诗曰："'大漠''长河'一联，独绝千古。"

曹雪芹也在《红楼梦》中借香菱之口，道出了第三联超高的艺术境界："'大漠孤烟直，长河落日圆。'想来烟如何直？日自然是圆的。这'直'字似无理，'圆'字似太俗。合上书一想，倒像是见了这景的。若说再找两个字换这两个，竟再找不出两个字来。""诗的好处，有口里说不出来的意思，想去却是逼真的。有似乎无理的，想去竟是有理有情的。"

而清人赵殿成在《王右丞集笺注》中的评语，则正可解答香菱之疑惑："亲见其景者，始知'直'字之佳。"——大漠气候干燥，无风无云，那烟可不是直冲霄汉嘛。

此后，王维笔下多有边塞名作，笔力比之高适、岑参亦不遑多让，例如以下这首描写军旅生活的《观猎》：

> 风劲角弓鸣，将军猎渭城。
>
> 草枯鹰眼疾，雪尽马蹄轻。
>
> 忽过新丰市，还归细柳营。
>
> 回看射雕处，千里暮云平。

一次普通的打猎，愣是被王维写出了武侠剧既视感。

首联起句便出语不凡，先写角弓鸣响，箭飞劲疾，渲染出紧张肃杀的气氛，然后才点出冬日渭城，将军行猎。所谓未见其人，先闻其声是也。如果将之用影视画面呈现出来，那镜头一开始定是猎猎风声，随后出现一双刚健有力的拉弓的手，只见弓响箭飞，画面跟随箭头飞行，猎物一射而中、应声倒地。最后镜头一转，引出马背上英姿矫健的将军……

啧啧，这刻画手法，你说高不高级，这要放今天，我们王维绝对是妥妥的顶级分镜师啊！

第二联也很出彩，以"疾"字刻画鹰眼锐利，以"轻"字形容马蹄迅捷，细腻传神，既交代了猎场环境，又侧面映衬出将军骑射的骁勇之状。

第三联以"忽过""还归"写返营驰骋之迅疾，读来有瞬息千里之感，遣词用字可谓锤炼已极。

最后一联"回看射雕处，千里暮云平"，写景恢宏阔大，正与将军猎归后豪迈从容、风平云定的心境两相映衬。

啧啧，一个山水派诗人，随随便便一出手，就把边塞题材写到了如此登峰造极之高度，还让其他边塞诗人怎么混？

再看其另一首边塞名篇《陇头吟》：

> 长安少年游侠客，夜上戍楼看太白。
> 陇头明月迥临关，陇上行人夜吹笛。
> 关西老将不胜愁，驻马听之双泪流。
> 身经大小百余战，麾下偏裨万户侯。
> 苏武才为典属国，节旄落尽海西头。

这首诗明明是感叹关西老将的悲惨遭遇，但王维却"莫名其妙"地先从一个毫不相关的长安少年写起。少年夜登戍楼，仰查星象，希冀能从中探测出战事的胜负吉凶——一个豪情万丈，渴望能够远赴边关、建立功勋的少年形象，就此脱笔而出。然后，王维却笔锋一转，顺着长安少年的思绪，墨走千里，来到月照陇山的塞外：凄清的月夜，荒凉的边塞，在这里服役的"陇上行人"，正用哀切的笛声抒发愁绪。至此，王维的笔锋再又一转：由吹笛的陇上行人，引出听笛的关西老将。老将"身经大小百余战"，军功累累，之后却并没有得到应有的荣誉，部下的偏裨副将都已晋升为万户侯，他却依然沉沦边塞。故此，老将闻笳驻马，双泪横流……

长安少年、陇上行人、关西老将，三个看似毫不相关的人物；戍楼观星、月夜吹笛、驻马流泪，三种完全不同的生活场景；却被王维匠心独运，巧妙地集中在一起，互相映衬对比，犹如电影中的蒙太奇意象。

今日的长安少年，安知不是明日的陇上行人、后日的关西老将？此刻满怀雄心壮志的少年哪能知道，或许自己的结局也将如老将一样凄凉？而今日的关西老将，又何尝不是昨日的陇上行人、前日意气风发的长安少年？如此奇绝之构思，用意可谓深矣！

诗的最后一联，王维引用了苏武的典故，苏武出使匈奴被扣留，在北海持节牧羊十九年，如此尽忠朝廷、报效国家，回国以后，却不过被以微末官职待之。此诗表面是写关西老将的不幸遭遇，其实又何尝不是王维为自己、为恩师张九龄之仕途坎坷一浇块垒？！

除以上刚劲雄浑的边塞诗外，王维笔下那首清新含蓄、脍炙人口的送别名诗《送元二使安西》，大抵也是出自此时期：

渭城朝雨浥轻尘，客舍青青柳色新。
劝君更尽一杯酒，西出阳关无故人。

全诗行文简朴、洗尽雕饰，以明朗自然的语句抒发别情，情景交融，韵味悠长。诗成之后，旋即被乐坊付诸管弦，争相传唱，成为流传至今的千古名曲。

几年后，王维从边塞回到长安，朝堂上依然是奸人当政，暗无天日。而历经逆境锤炼的诗人，此时的心境也已悄然发生转变。

平生济世之理想，再也没有办法实现了怎么办？

没关系，我还可以做一件更有意义的事——为千秋万世缔造一个诗意的世界。

（九）

终南别业

中岁颇好道，晚家南山陲。

兴来每独往，胜事空自知。

行到水穷处，坐看云起时。

偶然值林叟，谈笑无还期。

所谓缔造一个诗意的世界，其实王维一句话就做到了——行到水穷处，坐看云起时。

可王维是慷慨的，他还给了我们以下诗句：

· 江流天地外，山色有无中。

· 千里横黛色，数峰出云间。

· 日落江湖白，潮来天地青。

· 白水明田外，碧峰出山后。

……

啧啧，每一句都是一幅天然山水画！

只是诗中有画还不算牛，身为音乐家的王维，还能融"诗画音"于一炉，捕"光影色"于一瞬，让画面自带音响！

不服来"听"：

· 声喧乱石中，色静深松里。

· 屋上春鸠鸣，村边杏花白。

· 细枝风响乱，疏影月光寒。

······

味摩诘之诗，诗中有画；观摩诘之画，画中有诗。——苏轼

嗯，诗是有声画，画是无声诗——果然，全才就是不一样！

山居秋暝

空山新雨后，天气晚来秋。

明月松间照，清泉石上流。

竹喧归浣女，莲动下渔舟。

随意春芳歇，王孙自可留。

正当王维亦官亦隐，决定在悠然闲适的山水世界中"随意春芳歇，王孙自可留"时，渔阳鼙鼓却已动地而来，带给他最大创伤的安史之乱爆发了！

（十）

安史之乱，李白、杜甫、王维，可谓人人遭殃。

可王维的遭遇是最凶险的，由于他才名远播，连安禄山都是他的资深脑残粉。捕获偶像一个，安禄山死活要给王维一个官职做，王维迫不得已，今天吃哑药，明天吃泻药，试图搞残自己让粉丝死了这条心。

安禄山却软硬不吃，不管三七二十一给偶像头上扣了个给事中的伪职：亲，你愿不愿意做是你的事，我给不给是我的心意！（很好安同学，你已经成功地把偶像推向了死亡的边缘！）

果然是人怕出名猪怕壮——同样是被叛军所俘，杜甫同学因为官小名微，关了没几天就被放了出来，除了不能出城外，行动自由几乎不受限制。因此才能目睹山河破碎，写出了《春望》《哀江头》《哀王孙》等名篇，最后更是伺机逃出了长安城，再次说明任何事情都有两面性啊！

后来安史之乱平定，所有被安禄山授以伪官的人员，全部定罪处罚，砍头的砍头，流放的流放。只有王维因在囚禁期间写下了"万户伤心生野烟，百官何日再朝天？"的悲怆之句幸免于难，不仅如此，后来还几番升迁，最高官至尚书右丞，因此世人又称其为"王右丞"。

从结果来看，王维无疑是幸运的。

但被俘且出任伪职的屈辱经历，还是在他一向清雅高洁的心上，刻划了沉重的一刀。从此，王维抹去了对政治的最后一丝热情，毅然转身，走向了山水更深处。

是的，那里才是我的归宿。

（十一）

叹白发

宿昔朱颜成暮齿，须臾白发变垂髫。
一生几许伤心事，不向空门何处销。

上天纵然给了王维很多，而夺走的却更多——幼年丧父，壮年丧妻，中年丧母，老来无子。再加上安史之乱的创伤，午夜梦回他又何尝不曾肝肠寸断，痛彻心扉？

既然上天要让我失去一切，当初为何又要给予我所有？！

是的，没有人生来就是超脱的，一切不过是因为他们承受了足够的痛。

王维的母亲是一个虔诚的佛教徒，虔诚到王维的名和字，都取自一个佛家高人之名——"维摩诘"，这也冥冥之中注定了王维终将与佛学结下不解之缘。

曾经看尽繁华绚烂，如今也已遍尝人间至痛，王维就此历劫飞升，心如止水，于拈花微笑之中，将山水田园诗开辟出一个新境界：诗中无我，诗中有禅。

是的，一次次的淬火，是为了让你摆脱世间所有的浮躁和诱惑，返璞归真，透悟生命的真谛：

辛夷坞

木末芙蓉花，山中发红萼。

涧户寂无人，纷纷开且落。

生命一如这山涧深处的芙蓉花，不管是否有人来欣赏，它都会茂盛地开，自在地落："生命从不是为了别人而存在。"

是的，一朵花的存在，不是为了让人感慨"花近高楼伤客心"或者"丛菊两开他日泪"，它只是单纯地为了自我而绽放——这就是生命的本质。（杜甫：怎么感觉有人在针对我杜某人？）

不仅看到了花的生命，此时心境空明的王维，仿佛连山水的生命都能感受到：

鸟鸣涧

人闲桂花落，夜静春山空。

月出惊山鸟，时鸣春涧中。

山水的脉搏，就隐藏在这深度的宁静中。

此外，王维也在山水自然中，重新发现了自我的生命之美——

有时，他会在明月映照下"独坐幽篁里，弹琴复长啸"；

有时，他会在晚风薄暮中"倚杖柴门外，临风听暮蝉"；

还有时，他会在雨后深院内"坐看苍苔色，欲上人衣来"……

是的，王维赋予了山水生命，山水也疗愈了王维的伤痛。清风明月间，他们相互陪伴，彼此成就。

761 年，一个风轻云淡的日子里，六十一岁的王维端坐桌前，写下几封给亲友的书信后，从容而逝——他的一生恰似一缕清风，优雅而来，优雅而去。

这是我第一次写到一个人离去而不觉得感伤，俗世的生命虽已走到尽头，但我相信王维已然在另一个世界"坐看云起"。

但去莫复问，白云无尽时。

（十二）

王国维先生在《文学与教育》一书中说过："生百政治家，不如生一大文学家，何则？政治家与国民以物质上之利益，而文学家与以精神上之利益。夫精神之于物质，二者孰重？且物质上之利益，一时的也；精神上之利益，永久的也。"

客观地说，王维在政治上并没有什么值得称道的成就，他的伟大之处在于他集诗人、画家、音乐家、书法家、佛学家等多种身份于一身，是盛唐气象的完美代表。纵然李白千秋逸调，杜甫百代宗师，但若论才华的全面性，王维毫无悬念是唐代诗坛第一人！

虽然今天我们已难窥其书法绘画之真迹，但好在王维以他丰富、从容、优雅的盛唐特质，为我们留下了一个空灵淡远的山水世界，让奔走红尘的人们，能够偶尔放慢脚步——

于"湖上一回首，青山卷白云"的惬意中感受山水自然的馈赠；

从"人闲桂花落，夜静春山空"的静谧中觅一处心灵栖息之地；

在"行到水穷处，坐看云起时"的禅机中参悟面对人生困顿的平静……

"一个人只拥有此生此世是不够的，他还应该拥有诗意的世界。"

王维做到了，你呢？

新丰美酒斗十千，咸阳游侠多少年。
——王维《少年行》
金樽清酒斗十千，玉盘珍羞直万钱。
——李白《行路难》

孰知不向边庭苦，纵死犹闻侠骨香。
——王维《少年行》
纵死侠骨香，不惭世上英。
——李白《侠客行》

李白

给我一个支点，我能撬起整个大唐

（一）

唐，开元年间，四川青城山。

野竹分青霭，飞泉挂碧峰。

一个年长的樵夫正哼着俚曲在砍柴，在这等山水自然中劳作，可不是快活似神仙嘛。

忽听一阵草木窸窣之声，樵夫心下一惊，恐有猛兽相袭。循声望去，发现乃是一只煞是可爱的林鹿，黑漆闪亮的眼睛与樵夫悠然对视，全无惊惧之意。

樵夫瞬时大喜："鹿"同"禄"，此乃大吉大利之兆啊！

欣喜未毕，旋又一声激越悠扬的长啸划破长空，林鹿受惊而去。与之同时，四面八方的鸟儿纷纷向着同一个方向飞拢集聚，直有遮天蔽日之势。

樵夫何曾见过此番景象，不由得顺着群鸟追将过去，想要一探究竟。绕过一块巨石，樵夫被眼前的景象惊呆了：

在一片竹林的开阔处，一个十六七岁的少年丰神俊朗，临风而立。

齐聚而来的奇珍异鸟环绕在他身旁，不时有个别飞栖于其掌中，怡然取食，了无惊猜。正午的阳光穿透竹林，倾泻在少年如雪的白衣上，一切如梦似幻。

青天白日总不会撞鬼，樵夫壮起胆子："敢问少侠是人是仙？因何在此深山之中啊？"

少年听罢，纵声长笑，转身飘然而去，只剩下一首诗在空寂的山林中久久回荡：

山中答俗人

问余何意栖碧山，笑而不答心自闲。

桃花流水杳然去，别有天地非人间。

——你们这些地球人啊，说了你们也不懂！

（二）

大家别误会。

这位不爱搭理地球人的少年，并非天外来客，他姓李名白，此时正在青城山跟随高人学道，所以出场方式玄幻了些。

这也是没办法的事儿，谁让人家打从娘胎里就自带仙人气质呢。

据他的亲戚李阳冰说，其母有孕时曾梦到太白金星飞入其怀，所以为其取名李白，字太白。言下之意是再明显不过了：我们家李白小朋友，可是太白金星转世哦！

现在大家知道李大哥为什么终其一生都想要修仙了吧，人家得想办法回到天上去啊。

比玄幻的出生方式更具传奇色彩的，是他那扑朔迷离的家世：

他自称是凉武昭王的九世孙，也就是汉代飞将军李广的后裔，好巧不巧，李唐皇室也说自己是李广之后，所以李白的潜台词简直呼之欲出：老子跟玄宗是亲戚哦！

实际上，他也确实毫不客气，跟皇室宗亲交往时各种称兄道弟，论资排辈，完全不把自己当外人。

说起祖宗虽然很高调，但李白终其一生对自己的原生家庭却讳莫如深，家里是干什么的，父母姓甚名啥，兄弟姐妹几人，我们一概不知（只知道他爹叫李客，还是个化名）。

因此，甚至有学者推测李白乃是"玄武门之变"中李建成或李元吉的后人，这样才能解释他祖上为何流窜西域、隐姓埋名，实在是有大大的难言之隐啊！

可惜，不管是李白自己的说辞，还是后世专家的猜测，都缺乏真凭实据。现在学术界唯一争议不大的是李白于 701 年出生于西域碎叶城，即今吉尔吉斯斯坦共和国的托克马克市，五岁时才举家迁居到四川江油。

综上，也难怪明人胡应麟曾慨叹：古今诗人出处，未有如太白之难定者。

（三）

如同他的家世一样，在二十四岁出川之前，李白的成长经历我们也是所知甚少。铁杵磨成针的故事在这里咱就不提了。

但可以肯定的是,他一定有一个非常宽松的学习和成长环境。与整日死读书的儒家弟子不同,李白同学的兴趣爱好十分广泛:

· 五岁诵六甲,十岁观百家;

· 十五游神仙,仙游未曾歇;

· 十五好剑术,遍干诸侯;

……

你看,李大哥从小不仅广读诸子百家,还寻仙练剑,更曾拜蜀中的隐逸高人赵蕤为师,专习合纵连横、权谋韬略的帝王之术。跟他的老乡兼诗坛前辈陈子昂一样,是名副其实的复合型人才。

广泛的涉猎,造就了李白极为高远的人生理想。很快,小小的四川盆地已装不下这只羽翼丰满的大鹏鸟。二十五岁时,李大哥"仗剑去国,辞亲远游",展翅高飞的日子开始了!

渡荆门送别

渡远荆门外,来从楚国游。

山随平野尽,江入大荒流。

月下飞天镜,云生结海楼。

仍怜故乡水,万里送行舟。

故乡,再见。

我要去做一番大事业了,他日归来,必当以富贵相见!

过了荆门，就算彻底离开巴蜀地界了，仗剑立在船舷的李白回首向故乡投去最后的一瞥，待及转身，万丈豪情已将淡淡忧伤覆盖：

一个属于我的时代即将开启，这气象万千的盛世，本就为我而来！

面对这个雄心万丈、意气风发的游子，故乡的山水所能做的，也只有一送再送。仿佛它们已经预知，这将是一生一次的出走——从此，他不会再归来。

（四）

外面的世界很精彩。

年轻豪迈的李大哥决定以一种最酷炫、最拉风的方式开启人生的新征程——无论做什么事，第一印象向来很重要。

那就先亮出我的第一重身份吧：哥，是一个仗剑走天涯的侠客家。

中国的侠客文化自古发达，唐代游侠之风尤为盛行，而这其中入戏最深的则毫无疑问非李太白同学莫属！

翻翻他的诗篇，刀光剑影、杀人如麻的诗句，可谓比比皆是：

十步杀一人，千里不留行。

事了拂衣去，深藏身与名。

托身白刃里，杀人红尘中。

当朝揖高义，举世称英雄。

托交从剧孟，买醉入新丰。

笑尽一杯酒，杀人都市中。

酒后竟风采，三杯弄宝刀。

杀人如剪草，剧孟同游遨。

……

怎么样，有没有一种误入片场的感觉？

武功盖世，快意恩仇，李大哥简直就是唐代令狐冲啊！

而且人家还不是武侠小说读多了随便说说而已，乃是"十五好剑术，遍干诸侯"的实打实的练家子！据可靠目击者声称，李白同学的日常装备是"袖有匕首剑，怀中茂陵书"——少年英俊再加文武双修，魅力值分分钟爆表。

而另一位名叫魏万的疯狂职业粉丝，爆的料就更加重量级了："（李白）少任侠，手刃数人！"——考虑到该粉丝曾跨越千水万山追寻李白，且双方有过深入交往，所以这话多半是李大哥亲口告诉他的，因此具备相当可信度。

（当然了，按照李白同学吹牛不打草稿的性格，对此持怀疑态度的人士也不少。千年之下无从对证，此处也就不做深入探讨了。）

（五）

真正的侠客当然不只是打打杀杀（如此与街头混混何异），最重要的乃是存交重义，能为朋友两肋插刀、同生共死。

这一点，李白同学做到了。

话说其出川后，曾偶遇一个叫吴指南的同乡，双方一见如故，就此结伴遨游。结果没想到吴同学时运不济，游至洞庭湖时突患急病，猝然离世。

体现李大哥侠义精神的时刻到了——他伤心欲绝，伏尸痛哭，上演了感天动地的一幕。

指南死于洞庭之上，白禫服恸哭，若丧天伦。炎月伏尸，泣尽而继之以血。行路间者，悉皆伤心。猛虎前临，坚守不动。——《上安州裴长史书》

看到没，为朋友哭干泪水，双目泣血；连老虎来了，都守护着尸骨不肯离去。

（谨代表全世界人民感谢这只慧眼识天才的老虎，要不是您口下留情，整个中国诗歌史都要改写了！）

朋友做到这个份上，算是相当仗义了吧。

可我们李大哥是谁啊，怎么能让朋友埋骨他乡呢。几年后，他专程回来为其迁葬，把尸骨掘出见筋肉尚存，于是又痛哭一场，用刀剑剔尽筋肉，将骨骼冲洗干净后装进口袋，披星戴月，奔到江夏，将朋友正式安葬。

不仅对亡友情深意重，行走江湖的李大侠还视金钱如粪土，动不动就仗义疏财，扶危济贫：

曩昔东游维扬，不逾一年，散金三十馀万，有落魄公子，悉皆济之。——《上安州裴长史书》

盛唐时，三十万钱相当于一个八品公务员十年的薪水啊！

现在知道李大哥为什么能写出"千金散尽还复来""钟鼓馔

玉不足贵"这样的豪言壮语了吧，因为人家本身就是不差钱的土豪富二代啊！

仗剑行侠的同时，自然也少不了寻访名山胜水，没有被贫穷限制想象力的天才，再遇上壮美山河，催生出的化学效应那简直就是火星撞地球：

望庐山瀑布

> 日照香炉生紫烟，遥看瀑布挂前川。
> 飞流直下三千尺，疑是银河落九天。

这比喻，这夸张，这想象，横扫古今，席卷八荒，除却李白还有谁人可为之？！几百年后，连四川同乡苏东坡读完都禁不住击节赞叹、手动点赞："帝遣银河一派垂，古来惟有谪仙词。"

夜宿山寺

> 危楼高百尺，手可摘星辰。
> 不敢高声语，恐惊天上人。

写诗的最高境界，就是字字朴素，却句句惊人。比如李大哥的这首《夜宿山寺》，堪称"平中见奇"的绝佳代表作，得是多有童心的一个人，才能保有如此炸裂的想象力啊！

人帅多金，武功又高，天生偶像体质的李大哥，不管走到哪儿，都有一拨死忠粉哭着喊着不让走：

金陵酒肆留别

风吹柳花满店香，吴姬压酒劝客尝。

金陵子弟来相送，欲行不行各尽觞。

请君试问东流水，别意与之谁短长。

春日江南，店外是杂花生树、群莺乱飞，店内是美人劝酒、少年酣饮。送别诗都能写得这么潇洒明亮，真是让人忍不住慨叹：年轻真好啊！

如果李白的人生追求仅限于此的话，我想他应该不会有什么痛苦。

可天才注定都是不甘平庸的，所谓"侠之大者，为国为民"——李大哥接下来向我们亮出的身份，才是他终其一生所追求的巅峰状态：哥，还要做一个"谈笑安黎元"的纵横家。

（六）

古代文人的人生理想向来高度统一，简而言之，就是一句话：达则兼济天下。

通俗点讲就是：俺想当公务员。

潇洒如李白也不能免俗，但李大哥要做的可不是普通公务员：

申管、晏之谈，谋帝王之术，奋其智能，愿为辅弼，使寰区大定，海县清一。——《代寿山答孟少府移文书》

秉烛唯须饮，投竿也未迟。如逢渭川猎，犹可帝王师。——《赠钱征君少阳》

他能看得上的位置，只有如上两个：宰相或者帝王之师。

千万不要以为李大哥是在开玩笑,他是坚信自己身负大材的。不信你看,人家连功成身退的结局都已经规划好了:

· 功成谢人间,从此一投钓。

· 功成拂衣去,摇曳沧洲傍。

· 终与安社稷,功成去五湖。

……

虽然理想如此高大上,但天生骄傲的李大哥,是不屑于走常规的科考路线的。天才嘛,当然要一飞冲天,一鸣惊人才对。

可是,有这样跨越式发展的路径吗?

有的,比如找名人举荐。

出川后,李白一边游历大好山河,一边四处干谒名流权贵(干谒即登门拜访或投诗自荐),正事休闲两不误。都说找工作最重要的就是自信,李大哥做到了。一起来看看他的自荐信是怎么写的,在一份名为《上安州裴长史书》的简历中,李白首先夸自己从小博学多览、涉猎百家:

五岁诵六甲,十岁观百家。轩辕以来,颇得闻矣。常横经籍书,制作不倦,迄于今三十春矣。

然后再借他人之口,夸自己文采卓绝、天下无双:

诸人之文,犹山无烟霞,春无草树。李白之文,清雄奔放,名章俊语,络绎间起,光明洞澈,句句动人。

以上都还只是小意思,真正令人大开眼界的,是这篇自荐信的结尾:

愿君侯惠以大遇,洞天心颜,终乎前恩,再辱英眄。白必能使精诚动天，长虹贯日，直度易水，不以为寒。若赫然作威，加以大怒，不许门下，逐之长途，白既膝行于前，再拜而去，西入秦海，一观国风，永辞君侯，黄鹄举矣。何王公大人之门，不可以弹长剑乎？

翻译过来就是：

如果君侯能给我一个施展才华的机会，我李白一定会以长虹贯日的精诚之心追随于您，即使让我像荆轲一样去刺杀秦王也在所不辞！但如果您不给面子，还在我面前耀武扬威，那不好意思，哥将像黄鹄一样高飞而去，西入长安，再也不和您碰面。像哥这样的天才人物，又何愁没有王公大人赏识呢！

此处概括起来，用康震老师的话来说，其实就是一句通俗的大白话：此处不留爷，自有留爷处！

天才的脑回路果然足够清奇，求职简历居然生生写出了恐吓信的感觉……

厉害！佩服！

作为一个曾在人力资源行业摸爬滚打过几年的人，奇葩简历咱也算见过不少，可奇葩到这种程度的，还真是第一次见：大哥，这样写简历，能找到工作才怪啊！

（七）

看到这儿，一部分死忠粉可能忍不住要替男神辩解了：会不会我们李大哥只是求职心切，所以才一不小心有点自信过头了呢？

呵呵，让我来粉碎你们的幻想吧，请看李大哥如下诗句：

君看我才能，何似鲁仲尼？——哥的才华都赶上孔子了哦。

兴酣落笔摇五岳，诗成笑傲凌沧洲。——之于李白的诗才，大家比较熟悉的大多是杜甫的那句"笔落惊风雨，诗成泣鬼神"，其实你看，人家的自夸也很惊天动地。

闲骑骏马猎，一射两虎穿。回旋若流光，转背落双鸢。——打个猎把自己吹得比铁木真还神武，这么能耐，你咋不上天呢！

近者逸人李白自峨眉而来，尔其天为容，道为貌，不屈己，不干人，巢、由以来，一人而已。——啧啧，夸自己的长相是天为容，道为貌，自恋到这种程度，就问你服不服！

……

现在大家明白了吧，求职信写成上面那个样子，对李大哥来说，绝对是本色出演。

叔本华曾说："通常，那些具有高贵本性和出众思想禀赋的人，会令人吃惊地暴露出缺乏对人情世故的了解，尤其在他们年轻的时候。"

而李大哥显然是这其中的典型代表。

年少轻狂的他就这样投出了一封又一封傲娇爆棚的求职信，结果都是泥牛入海，杳无音信。偶尔有给出反馈的，貌似还是负面评价，惹得他相当不爽，狠狠地怼了回去：

上李邕

大鹏一日同风起，扶摇直上九万里。

假令风歇时下来，犹能簸却沧溟水。

世人见我恒殊调，闻余大言皆冷笑。

宣父犹能畏后生，丈夫未可轻年少。

连孔子都说后生可畏，你算老几，竟敢瞧不起年轻人！

好，现在你们对我这个大鹏鸟爱搭不理，他日我定一飞冲天，让你们高攀不起！

（八）

可惜，没有人能随随便便成功，李白也不例外。

一飞冲天的机会迟迟没有来临，出川所带的万贯家财，却早已挥霍殆尽，偏偏客居扬州时，又遭大病来袭，独在异乡的李白，终于开始品尝到生活的艰辛：

吴会一浮云，飘如远行客。

功业莫从就，岁光屡奔迫。

光阴飞逝，功业未就，难道就这么灰溜溜地回到故乡吗？

出川时的豪言壮语犹在耳畔，无功而返，又有何面目去见高堂与恩师？！

不行，绝不能就这样回去！大业不成，我李白誓不返乡！

进退维谷之际，李白在好友的牵线搭桥下，来到安州，与已故宰相许圉师的孙女结婚，就此开始了"酒隐安陆，蹉跎十年"的家庭生活。

十年间，他以安陆为中心，东游吴越，南泛洞庭，北抵太原，结果依然是功业茫茫，一无所获。

可以想见，心比天高的李白，当时的处境是何等窘迫与尴尬：入赘妻家，又迟迟无功名在身，他人的窃窃私语与世俗眼光日复一日，如芒在背……

大道如青天，我独不得出！

渐渐地，他开始借酒消愁：

· 穷愁千万端，美酒三百杯。

· 三百六十日，日日醉如泥。

· 百年三万六千日，一日须倾三百杯。

……

然而，寄人篱下、壮志难抒的苦闷，并不会随着酒精流逝，要么就这么痛苦下去，要么就为了梦想继续奔走。

行路难·其一

金樽清酒斗十千，玉盘珍羞直万钱。
停杯投箸不能食，拔剑四顾心茫然。
欲渡黄河冰塞川，将登太行雪满山。
闲来垂钓碧溪上，忽复乘舟梦日边。
行路难，行路难，多歧路，今安在？
长风破浪会有时，直挂云帆济沧海。

终于，在某一个清晨，李白意识到，不能再这样蹉跎下去了：

既然地方上没有赏识千里马的伯乐，何不亲赴长安，更大的舞台意味着更多的机会。

（九）

四明有狂客，风流贺季真。

长安一相见，呼我谪仙人。

——《对酒忆贺监二首》

开元十八年（730 年），长安。

又是干谒奔走的一天，毫无收获的李大哥转入长安街头的酒家："小二，上最好的酒！"

李大哥没有注意到，角落里一个须发皆白、神采奕奕的老者正默默注视着他："观此人目朗如星，风姿天成，方才走来飘飘然若有神仙之概，恐不是一般人物……"

老者暗自思忖间，忽见一页诗笺从李白衣袍中滑出，微风一吹，正着自己脚畔。于是顺势捡起，心想正可借此相识。

拾起诗笺的一刻，老者猛然怔住了，头顶像是响起了无数个炸雷——因为映入他眼帘的，是这样一首诗：

蜀道难

噫吁嚱，危乎高哉！蜀道之难，难于上青天！蚕丛及鱼凫，开国何茫然！尔来四万八千岁，不与秦塞通人烟。西当太白有鸟道，可以横绝峨眉巅。地崩山摧壮士死，然后天梯石栈相钩连。

上有六龙回日之高标，下有冲波逆折之回川。黄鹤之飞尚不得过，猿猱欲度愁攀援。青泥何盘盘，百步九折萦岩峦。扪参历井仰胁息，以手抚膺坐长叹。

问君西游何时还？畏途巉岩不可攀。但见悲鸟号古木，雄飞雌从绕林间。又闻子规啼夜月，愁空山。蜀道之难，难于上青天，使人听此凋朱颜！连峰去天不盈尺，枯松倒挂倚绝壁。飞湍瀑流争喧豗，砯崖转石万壑雷。其险也如此，嗟尔远道之人胡为乎来哉！

剑阁峥嵘而崔嵬，一夫当关，万夫莫开。所守或匪亲，化为狼与豺。朝避猛虎，夕避长蛇；磨牙吮血，杀人如麻。锦城虽云乐，不如早还家。蜀道之难，难于上青天，侧身西望长咨嗟！

一口气读完这首参差错落、长短不齐而又奇思纵横、天马行空的诗篇，老人彻底震惊了：我的天呀！诗还可以这样写？！如此自由又如此瑰丽奇幻！

顾不得初识的矜持，老人急奔过去，紧紧握起了李白的双手："敢问阁下高姓大名？我看你简直不是人！是……被贬人间的神仙吧，凡人岂能有如此鬼斧神工之作？！"

李白被这突如其来的动作吓了一跳，斜睨到桌上的诗笺后，心下顿时明了："在下蜀人李白。敢问……？"

"哦哦，忘了自我介绍，老朽乃太子宾客贺知章。"

没错，这位老者正是神句"二月春风似剪刀"的作者——当时的文坛元老贺知章。两人因诗相识，倾盖如故，贺知章更是当即解下身上的金龟（唐代官员的一种佩饰，三品及以上官职才能佩戴）当作换酒之钱，二人推杯换盏，痛饮狂歌。

接下来的事情就不难预料了，有了文坛盟主的加持，李大哥就此一炮而红，名动京城，逆袭之路就此开启。

果然，是金子总会发光的。

（十）

南陵别儿童入京

白酒新熟山中归，黄鸡啄黍秋正肥。

呼童烹鸡酌白酒，儿女嬉笑牵人衣。

高歌取醉欲自慰，起舞落日争光辉。

游说万乘苦不早，著鞭跨马涉远道。

会稽愚妇轻买臣，余亦辞家西入秦。

仰天大笑出门去，我辈岂是蓬蒿人。

运气来了，挡都挡不住。

遇到贺知章后，李白的诗名日渐隆盛，再加上道士吴筠和玉真公主的举荐，四十二岁这年终于喜从天降，朝廷召其入京！

李白喜不自胜，仰天大笑出门去：哈哈哈，早就说了，哥会一飞冲天！

而其进宫后的情景，也颇具浪漫色彩。

据说玄宗接见李白时，见其神气高朗，轩轩然若霞举，不觉忘却万乘之尊，亲下步辇以迎之。按理说，这已是极隆重的礼遇了，而接下来发生的一幕，才真正超出了所有人的想象：

以七宝床赐食，御手调羹以饭之。——《〈唐李翰林草堂集〉序》

啧啧，不仅赐给李白镶满七彩宝石的华贵坐具，还亲手为其盛饭夹菜，就差喂到嘴里去了！（玄宗你太不矜持了，贵妃看到怎么想……）

在中国古代诗歌史上，以布衣身份成为皇帝的座上宾，并能受如此礼遇者，李白之外，再无他人——由此可见，只要才华高，没有什么不可能啊！

沉浸在巨大荣耀中的李白，感受到了前所未有的希望：苍天呀，大地呀，哥那"济苍生，安社稷"的远大理想，终于有机会实现啦！

然而，很快他将会发现——这一切，不过是个美丽的误会。

（十一）

李白一直深信自己是位超一流的政治家。

应召入京后，他满心以为自己从此可一展治国安邦、文韬武略之大才，没想到玄宗递给他的却只是一支粉饰太平、吟风赏月的诗文娱乐之笔。

误会！深深的误会！

客观讲，对普通文人来说，从一介布衣一跃成为皇帝身边的诗文供奉，已然是能够想象的人生最高峰了。

可我们李大哥是什么样的人物？何等之自信？何等之抱负？！

对于自己的理想，他是绝不肯打半点折扣的。于是短暂的荣耀感褪去后，无尽的失落开始涌上心头，他又开始嗜酒狂饮了……

日与饮徒醉于酒肆。玄宗度曲，欲造乐府新词，亟召白，白

已卧于酒肆矣。召入，以水洒面，即令秉笔，顷之成十余章，帝颇嘉之。——《旧唐书》

有诏供奉翰林。白犹与饮徒醉于市。——《新唐书》

除史书记载外，将李白这段时间的醉饮生活描绘的最为形象传神的，当属太白粉丝团团长杜甫的《饮中八仙歌》：

李白一斗诗百篇，长安市上酒家眠。
天子呼来不上船，自称臣是酒中仙。

人人都说伴君如伴虎，李大哥这工作态度简直就是把玄宗当Hello Kitty（凯蒂猫）啊！

虽然日日沉醉，好在并没有耽误为玄宗贵妃填词助兴，著名的《清平调词三首》，即出于此时期：

清平调词三首

云想衣裳花想容，春风拂槛露华浓。
若非群玉山头见，会向瑶台月下逢。
一枝秾艳露凝香，云雨巫山枉断肠。
借问汉宫谁得似，可怜飞燕倚新妆。
名花倾国两相欢，长得君王带笑看。
解释春风无限恨，沉香亭北倚阑干。

这三首诗以花喻人，以人比花，语语浓艳，字字流葩。玄宗贵妃兴致倍增的同时，对李白沉醉之下却依然能如此文思敏捷亦是甚为嘉许。

名花美人，宫廷宴乐。

莺歌燕舞中，没有人注意到李白落寞的眼神：帝王虽近在眼前，理想却依然千里之遥……

这样的日子，跟从前又有什么区别？！

（十二）

除了理想与现实带来的巨大落差，很快，李白在长安的生活又有了新的困境。

人际关系的困境。

虽然所谓"力士脱靴""国忠捧砚"多半为后人戏说，但为何这些故事会附会在李白身上呢？根本原因还在于他为人处世放浪不羁、率性而为，让人觉得这些故事符合他"戏万乘若僚友，视俦列如草芥"的傲岸风采。

终日沉醉，消极怠工，却深得玄宗宠爱，在复杂的宫廷环境中，这番言行做派惹人眼红嫉妒、进谗使坏，实在是太正常不过了。

· 君王虽爱蛾眉好，无奈宫中妒杀人。

· 青蝇易相点，白雪难同调。

· 谗惑英主心，恩疏佞臣计。

……

宫廷的约束，同僚的诋毁，政治理想无处施展的愤懑，让原本放旷山林、潇洒自在的李白不堪忍受，于是不到两年他就向玄宗上书请还了！

安能摧眉折腰事权贵，使我不得开心颜！

玄宗虽爱其才，但也深感其性情并不适宜在宫中任事，于是顺水推舟，赐金放还，给了李白一个非常体面的台阶。

出川后，用了十几年的时间才走到天子跟前，政治理想刚刚有了起步的门槛，李白却如此轻易地放弃了！

其实翰林待诏并非没有机会转任正式官职，中唐时期带领刘禹锡、柳宗元发起永贞革新的王叔文也曾是"以棋待诏"，而后步步为营进入权力的核心阶层。

可惜李白没有这样的耐心，他唯一能接受的成功方式就是被邀出山，骤然立功，而后功成身退，高卧云林。

这也太浪漫、太理想主义了！

世间哪有一蹴而就的功业呢？

"也许每个人出生的时候都以为这天地是为他一个人而存在的，当他发现自己有错的时候，他便开始长大。"

从这个角度讲，李白或许只是个一辈子都没长大的孩子。

（十三）

宣州谢朓楼饯别校书叔云

弃我去者，昨日之日不可留；

乱我心者，今日之日多烦忧。

长风万里送秋雁，对此可以酣高楼。

蓬莱文章建安骨，中间小谢又清发。

俱怀逸兴壮思飞，欲上青天揽明月。

抽刀断水水更流，举杯销愁愁更愁。

人生在世不称意，明朝散发弄扁舟。

人生在世不称意，明朝散发弄扁舟——政治理想暂时幻灭了，那就重拾曾经的修仙大业吧。

对于修仙，李白是认真的，其实他做什么事都很执着：

昔与逸人东岩子隐于岷山之阳，白巢居数年，不迹城市。养奇禽千计。呼皆就掌取食，了无惊猜。——《上安州裴长史书》

你看，道教讲究天人合一，万物一体，于是李大哥十几岁就与恩师赵蕤隐居在青城山，一隐就是好几年，还养奇禽千计，一呼即应，完全实现了人与自然的大和谐啊！——本文文首那仙气飘飘的场景与画面，即据此演绎而来。

赐金放还，回到东鲁家中后，李白更前往济南接受"道箓"，也就是考取了官方的道士文凭，成为一名正式的注册道士。

就在将要离开山东再度漫游吴越之际，李白与友人酣饮话别，聊到了越中名胜天姥山，从而做了那个催生绝世名作《梦游天姥吟留别》的奇幻一梦：

海客谈瀛洲，烟涛微茫信难求。

越人语天姥，云霞明灭或可睹。

天姥连天向天横，势拔五岳掩赤城。

天台四万八千丈，对此欲倒东南倾。

在梦中，李白于月夜清光的映照下，一夜飞渡镜湖。明月把他的影子映照在明镜般的湖面上，又贴心地送他降落在偶像谢灵运当年曾经歇宿过的地方。

为了向偶像致敬，李大哥穿上了谢灵运当年特制的木屐，登上谢公曾经攀登过的石径：

> 我欲因之梦吴越，一夜飞度镜湖月。
> 湖月照我影，送我至剡溪。
> 谢公宿处今尚在，渌水荡漾清猿啼。
> 脚著谢公屐，身登青云梯。

到了半壁空中，只见海日升腾，又闻天鸡高唱。正以为天即大亮，却又于山花迷人、倚石暂憩之间，忽觉暮色降临，且熊咆龙吟，响彻山谷，使深林为之战栗，层巅为之惊动。

> 半壁见海日，空中闻天鸡。
> 千岩万转路不定，迷花倚石忽已暝。
> 熊咆龙吟殷岩泉，栗深林兮惊层巅。
> 云青青兮欲雨，水澹澹兮生烟。

至此，全诗的高潮来临了——本来以上景象已足够令人惊奇骇异，紧接着李大哥却又更进一步，脑洞大开，描绘出洞天福地，群仙降临：

列缺霹雳，丘峦崩摧。

洞天石扉，訇然中开。

青冥浩荡不见底，日月照耀金银台。

霓为衣兮风为马，云之君兮纷纷而来下。

虎鼓瑟兮鸾回车，仙之人兮列如麻。

仙人们披彩虹为衣，驱长风为马，虎为之鼓瑟，鸾为之驾车，奔赴仙山盛会，多么盛大而热烈的场面啊！正当李大哥激动地迎上去，想要和仙人们交流修道心得时，却忽然从梦中惊醒了：

忽魂悸以魄动，恍惊起而长嗟。

惟觉时之枕席，失向来之烟霞。

世间行乐亦如此，古来万事东流水。

别君去兮何时还？

且放白鹿青崖间，须行即骑访名山。

安能摧眉折腰事权贵，使我不得开心颜！

梦境破灭，仙境也倏忽消失，李大哥终于在惊悸中返回现实。

沉甸甸地躺在枕席之上，回想着梦境中的奇幻翱翔，几多失意！几多感慨！

整首诗通篇叙梦，然而写的仅仅只是梦境吗？

不是的，在入梦出梦、往复驰骋、大起大落的浪漫梦境中隐藏的是李白对遭谗去京的愤懑，对壮志难酬的遗憾，更有对光明自由的渴望！

不能用志于朝堂之上，那就纵情于山水之间吧。

五岳寻仙不辞远，一生好入名山游——成了正式道士，自然更要云游天下了。离开长安后，十余年间他漫游梁宋、东去吴越、北上幽燕，一生脚步所到之处，不知秒杀多少现代人。

不问世事的日子，是快乐的：

山中与幽人对酌

两人对酌山花开，一杯一杯复一杯。

我醉欲眠卿且去，明朝有意抱琴来。

能过这么逍遥任性的生活，谁还稀罕什么翰林待诏。

夏日山中

懒摇白羽扇，裸袒青林中。

脱巾挂石壁，露顶洒松风。

哎呀，天太热，扇子也懒得摇了，直接裸着吧，头巾也脱下来，阵阵松风吹过头顶，好凉快哦！

还修什么仙啊，这小日子就连神仙也艳羡吧。

（十四）

那么，李大哥从此就这样过上了幸福快乐的生活吗？

很遗憾，否。

一个心中有梦而又无处可追的人，稍一清醒就会被漫天的孤独和痛苦包围。

独坐敬亭山

众鸟高飞尽，孤云独去闲。

相看两不厌，只有敬亭山。

渺渺天地，一人独坐，众鸟孤云也离我而去，敬亭山，为什么你不走？

真好啊，还有你懂我。

月下独酌四首·其一

花间一壶酒，独酌无相亲。

举杯邀明月，对影成三人。

月既不解饮，影徒随我身。

暂伴月将影，行乐须及春。

我歌月徘徊，我舞影零乱。

醒时相交欢，醉后各分散。

永结无情游，相期邈云汉。

其实我的知己不只有敬亭山，还有月亮和我的影子，它们常常陪我一起喝酒……

以上两首诗都是李白脍炙人口的名篇佳作，可以说它们写得有多好，李白的孤独就有多深。

古来圣贤皆寂寞。

孤独，是天才的宿命。

登金陵凤凰台

凤凰台上凤凰游，凤去台空江自流。

吴宫花草埋幽径，晋代衣冠成古丘。

三山半落青天外，二水中分白鹭洲。

总为浮云能蔽日，长安不见使人愁。

为什么总是忍不住眺望长安的方向？为什么总是不能平息心中的渴望？

梦想的声音太清晰了，我无法假装听不到。

此后，天宝十年（751年），李白于漫游途中取道河南，与道友元丹丘相会。

就是这次与老友酣畅豪饮间，李白将去京放逐七年以来的压抑情绪做了一次痛快淋漓、海涛天风式的大宣泄，挥洒出个人巅峰代表作《将进酒》：

君不见黄河之水天上来，奔流到海不复回。

君不见高堂明镜悲白发，朝如青丝暮成雪。

人生得意须尽欢，莫使金樽空对月。

天生我材必有用，千金散尽还复来。

烹羊宰牛且为乐，会须一饮三百杯。

岑夫子，丹丘生，将进酒，杯莫停。

与君歌一曲，请君为我倾耳听。

钟鼓馔玉不足贵，但愿长醉不复醒。

古来圣贤皆寂寞，惟有饮者留其名。

陈王昔时宴平乐，斗酒十千恣欢谑。

主人何为言少钱，径须沽取对君酌。

五花马，千金裘，呼儿将出换美酒，与尔同销万古愁。

全诗五音繁会，气象不凡，读来犹如大河奔注，九曲向东，不可遏止。

情绪上既有悲愤苦闷，又极显豪纵狂放，失望与自信交织，放纵与抗争相生。起伏跌宕，变化剧烈，滔滔滚滚，余势不绝。

就在李白借酒遣怀，希冀以人生苦短、及时行乐之语超越梦想无处伸展的极度痛苦时，再度投身政治的机会，却毫无预兆地来临了！

（十五）

天宝十四年（755年），改写盛唐无数诗人命运的安史之乱爆发了。

乱世出英雄！

平生所负之合纵连横，御行天下的王霸之略此时不用，更待何时！

自认胸中有退敌之策的李白不顾凶险，在大家纷纷南逃之际逆流北上，希望能够面见玄宗，以献灭胡大计。可惜战况急转直下，北去之路已均为叛军所断。

李白只得折身南下，避祸于庐山屏风叠，伺机而动。

> 抚剑夜吟啸，雄心日千里。
>
> 誓欲斩鲸鲵，澄清洛阳水。

这期间李白夜夜忧心：国家都到什么地步了，这帮人还不来请我出山！

说曹操曹操就到。

此时逃到成都的玄宗下诏施行诸王分镇，共平叛乱。其中奉命守卫长江流域的是皇子永王李璘，其得令后，一边集结兵力粮草，一边广募仁人志士。

枪杆子要有，笔杆子自然也不能少。放眼天下，还有谁比李白的文章好？永王亲派手下三顾茅庐，力邀李白出山。

国难当头，匹夫有责，再加一展胸中丘壑的平生夙愿，对李白来说，这绝对是一个无法拒绝的机会：千秋功名，在此一搏！

出山！

天真的李白对当时的形势非常乐观，他以淝水一战、扭转乾坤的东晋谢安自比，坚信自己出马扫平胡虏易如反掌：

> 三川北虏乱如麻，四海南奔似永嘉。
>
> 但用东山谢安石，为君谈笑静胡沙！

可惜两个月后，一切幻想灰飞烟灭。

因为玄宗下诏之时，并不知道太子李亨已在灵武继位。一山岂容二虎，李亨（唐肃宗）深感重兵在握的李璘对自身皇权是大大的威胁，勒令其交出兵权，退守成都。

李璘则拒诏不从：天下大乱，谁能收复江山还不一定呢，缘何我不能一搏？！

就这样，李白满心报国杀敌，结果连安史叛军的影子还没见到，永王的军队就被新皇帝当作造反派讨伐，李璘兵败被杀。李白则瞬间变成了政治斗争的牺牲品：以附逆之罪在九江被捕入狱！

冤屈，天大的冤屈！

在狱中他悲愤难平，写下了生平中最为悲怆的诗句：

兄九江兮弟三峡，悲羽化之难齐。

穆陵关北愁爱子，豫章天南隔老妻。

一门骨肉散百草，遇难不复相提携。

树榛拔桂，囚鸾宠鸡。

舜昔授禹，伯成耕犁。

德自此衰，吾将安栖。

好我者恤我，不好我者何忍临危而相挤！

遭此大难，却手足飘零。兵荒马乱中，自己的孩子们滞留山东，妻子隔在江南，一家人分散各地，无法互相扶助……懂我冤屈的人自然能体恤我的苦衷，不待见我的人又何必再落井下石！

我本不弃世，世人自弃我。

是的，李白此时的处境，恰如杜甫所言：世人皆欲杀，吾意独怜才！

不过杜甫只说对了一半，"独怜才"的并不只有他一人。事实上，还有一些身为李白粉丝的官员也在积极为其奔走斡旋，最终李白才保住了性命，被判长流夜郎。

李白的二次从政，就这样以惨烈的悲剧而收场了，此时他已经五十七岁。

（十六）

其实，老天对诗人们总还是格外垂爱的。

比如他们一旦遭遇灭顶之灾，就总会出现一些促使天下大赦的政治事件，然后诗人正可由此脱困，例如王勃、骆宾王，坐牢时都是如此。

李白也不例外，流放夜郎途中，因关中出现严重旱情，朝廷大赦天下，李白重获自由之身。

喜从天降！老天爷也知道我是冤屈的啊！

生活再现曙光，李大哥顷刻间满血复活：

早发白帝城

朝辞白帝彩云间，千里江陵一日还。

两岸猿声啼不住，轻舟已过万重山。

这心情是何等之欢畅，何等之飞扬！

仿佛毕生的挫折与委屈，都尽数甩在了飞驰的船舷之后。

愿你出走半生，归来仍是少年。——在我眼里，再也没有人比李白更能担得起这句话了，从来想象不出他年老的样子，因为他真的从未老去。

无论经历了多少磨难与失败，只要有一线光明与希望，他总会立刻原谅生活，重新充满阳光与斗志。在赦还的路上，他简直忍不住要醉舞高歌了：

愿扫鹦鹉洲，与君醉百场。

啸起白云飞七泽，歌吟渌水动三湘。

莫惜连船沽美酒，千金一掷买春芳。

每每读至此处，都感胸中气血倏忽升腾，奔涌激荡，不得抑制，万感千叹，一呼方快：

该是有多么热爱生活、热爱生命，才能在经历了种种绝境后，在五十八岁的花甲之龄写出这等青春洋溢的快意之句！

多么浪漫、多么可爱的李白！

（十七）

可惜，上天留给他的时间，终究不多了。

遇赦放归后，李白依然没有放弃建功立业的抱负，六一一岁的他再次踏上追梦的旅程，准备北上参军，痛击敌虏！

在他此时段的诸多诗文中，拳拳报国之心，依然触处皆是：

· 安得倚天剑，跨海斩长鲸。

· 中夜四五叹，常为大国忧。

· 岂怯战斗死，为君扫凶顽。

……

豪情纵然万丈，可惜他的身体却已支持不住。中途抱病，李白只得折往安徽当涂，投奔在此为官的族叔李阳冰。

病情越来越重。

762 年 11 月，是夜，月华如水。

仿佛是冥冥之中的指引，李白携酒来到采石江畔，荡舟而行，立在船头的他，最后一次喝得酩酊大醉。江面的倒影里，曾经那个心雄万夫的年轻人，已然两鬓星星。

出川时立下的豪言壮语，终究我没有做到；故乡，对不起，我再也回不去了。

富贵与神仙，蹉跎成两失。

满怀着激情在这人间热烈地追求了一世，最终还是两手空空……

浮生若梦，为欢几何？

死不足惧，我只遗憾至死没有知音，千秋万载后，可会有人为我哭泣？可会有人真正懂我？！

凄凄苦笑中李白向孤悬的明月举起了酒杯，高吟出人生最后的绝唱：

临路歌

大鹏飞兮振八裔，中天摧兮力不济。

馀风激兮万世，游扶桑兮挂石袂。

后人得之传此，仲尼亡兮谁为出涕？

大鹏奋飞啊，振动八方，中天摧折啊，穷尽了力量！鼓动的余风啊，传扬万世，我满怀的才华志向呀，无处伸张！后人得此诗篇而相传，可世无孔子谁又会为我这只大鹏涕泪沾襟！

罢罢罢！本是为梦而来，既已无力追赶，何不归去？

他豪饮最后一杯，纵身俯向江面那一片光明……

忽而，刹那间水面翻飞，一头长鲸冲水而出，直上云天！鲸背上的少年白衣飘飘，一如四十年前与樵夫偶遇时那般顾盼生辉。

尘缘已了，从此他终于可以真正"倚剑天外，挂弓扶桑，浮四海，横八荒，出宇宙之寥廓，登云天之渺茫"了！

李白，九天之上，你要得开心点！

（十八）

给了我们那么多浪漫诗情的李白，理应有一个如此浪漫传奇的谢幕。

真假已不重要，这是人间对他最后的祝福。

从现世的角度讲，李白的一生诚然是不得志的，他最热烈追求的功名与神仙，最终都是大梦一场。他的悲剧还在于，明明是不世出的天才诗人，却偏偏认定自己是天生的政治家。

然而也正是这种自我认知的偏差和极端的理想主义，才造就了一个如此极致浪漫的诗人。

古往今来，再也没有哪个诗人比李白活得更率真，自我意识更强烈。他所有的喜怒哀乐，全都袒露于外，毫不掩饰，痛苦与欢乐都达到了最极限。

"人类的一切情感，他都写过。人类的心灵所能到达的最邈远的地方，他都到过。"

所以，人人心中都有一个李白，李白是另一个我们想要而没有勇气去做的自己。

好在，我们还有他的诗。

人生得意时，李白的诗让我们驰骋八极，神游宇宙，将心中的快意和豪情扩张到极处：

· 登高壮观天地间，大江茫茫去不还。

· 黄河落天走东海，万里写入胸怀间。

· 人生得意须尽欢，莫使金樽空对月。

· 大鹏一日同风起，扶摇直上九万里。

· 人生达命岂暇愁，且饮美酒登高楼。

· 俱怀逸兴壮思飞，欲上青天揽明月。

……

失意时，李白的诗让我们痛快淋漓，洗尽愁怨，大泄心中块垒：

·人生在世不称意，明朝散发弄扁舟。

·黄金白璧买歌笑，一醉累月轻王侯。

·天生我材必有用，千金散尽还复来。

·长风破浪会有时，直挂云帆济沧海。

·安能摧眉折腰事权贵，使我不得开心颜！

·五花马，千金裘，呼儿将出换美酒，与尔同销万古愁。

……

盖自有诗人以来，我未尝见，大泽深山，雪霜冰霰，晨霞夕霏，千变万化，雷轰电掣，花葩玉洁，青天白云，秋江晓月，有如此之人，如此之诗。——〔北宋〕徐积《李太白杂言》

吾唐来有业是者，言出天地外，思出鬼神表，读之则神驰八极，测之则心怀四溟，磊磊落落，真非世间语者，有李太白。——〔晚唐〕皮日休

李太白、杜子美以英玮绝世之姿，凌跨百代，古今诗人尽废！——〔北宋〕苏轼

你一生渴求激昂青云，建功立业。如今，无数王侯将相已成粪土，而你的万千诗篇却早已融入中华民族的血脉与基因，堪与天地日月争辉。

你总望羽化成仙，长生不老。一个被千秋万世铭记的人，从不曾真正死去。

你生前的所有理想，终究都以更伟大、更永恒的方式兑现了！

人生至此，何憾何悔！

李白千古。

李白诗文亦千古。

备注：

一、本文第一部分所引诗作《山中答俗人》，学术界多认定为李白定居安陆时期所作，本文因故事讲述的需要，将此诗设置在出川前，特此备注。

二、《将进酒》作于何时，学术界有三种说法，一说作于开元二十四年（736 年），一说作于天宝十年（751 年），一说作于天宝十一年（752 年）。本文采信的是天宝十年，采用依据请参见田留才先生的《李白〈将进酒〉创作时地考》一文。

杜甫

从高富帅走向诗圣的路有多长

（一）

大唐开元七年（719年），河南巩县，一座大户人家的院落内。

一个七岁男童从书房跃出，双手持一页墨迹未干的宣纸穿过花木繁盛的庭院，来到一间卧房。

不管三七二十一便摇醒正在午睡的父亲大人："爸比爸比，快起来看，我写了一首《咏凤凰》！"

其父睡至正酣，忽被打扰，正欲发作，转头望见孩子一脸的期待神色，不快随即转为爱怜。

接过孩子的诗作后，更是面色大喜："骆宾王七岁作《咏鹅》，我儿七岁咏凤凰，你爷爷的诗才后继有人啊！"

男孩脸上立刻飞上一抹潮红，眼眸中星光闪烁：我不仅要继承爷爷的诗才，我还要超越爷爷！

这个七岁的孩子不是别人，正是在我们语文课本中出现频率极高，大家相当熟悉的、一天到晚愁眉不展的杜甫杜大叔。

一提起杜大叔，大家都很有发言权：这人我熟啊，从小穷困潦倒，饥寒交迫，整天不是山谷捡橡果，就是雪地寻山芋，好不容易盖个茅草屋，房顶还被大风掀跑了……

哎，总而言之一句话：穷苦人家的孩子，不容易啊！

如果你也是这么想的，那么恭喜你，和我一样，彻彻底底地错了！

（二）

"城南韦杜，去天尺五。"

话说，从前有一个能得要上天的家族，叫作京兆杜氏。

这个家族的祖先可追溯到汉武帝时期出身豪族的御史大夫杜周，历朝历代一直牛人辈出。比如东汉著名学者杜笃、西晋著名政治家杜预。

宰相更是一打一打地出，唐朝200多年，有11个宰相出自京兆杜氏，比如唐初名相杜如晦，杜牧的爷爷杜佑等。

西晋名将杜预就是杜大叔的第十三世祖，此人是个天才加全才，经济、法律、天文、数学、工程水利、军事、政治，无所不通，对《左传》的注解到现在都是权威著作。

杜大叔的爷爷和爸爸都是朝廷公务员，所以大叔是根红苗正的官三代啊！

看到这儿，是不是很想颤抖着对杜大叔说一句：大叔，隐藏得很深嘛，失敬失敬啊！

先别急，我们再来看看杜大叔母亲家那边的情况：

杜大叔的母亲出身清河崔氏，清河崔氏乃是北方第一望族！这个家族牛到什么程度呢？

据说，唐初官员修订《氏族志》时把崔氏列为第一，唐太宗知道后大怒：我李氏贵为皇族，还比不上崔氏吗？于是下令把李氏改为第一，长孙氏列第二，崔氏列第三。（那官员真是个实诚人啊！）

人家还豪到可以和皇室成员通婚：

杜大叔的姥姥，是唐太宗李世民的重孙女。

大叔姥爷的妈妈，是唐高祖李渊的孙女（李渊之子李元名之女）。

所以严格来讲，杜大叔是正儿八经的唐太宗第六代后人，身上流淌着高贵的李唐皇室血液啊！

——哎吆喂，土豪别走，交个朋友呀！

（三）

德智体育十项全能而又功勋卓著的远祖杜预是杜大叔的事业偶像，文学偶像则由爷爷杜审言坐镇。

说起杜大叔的爷爷，那也是个从头到脚都是戏的个性人物——恃才傲物到令人发指！

狂妄语录如下：

我的文章宇宙第一，屈原、宋玉只配做我的跟班（吾文章当得屈、宋作衙官）；

我的书法天下无敌，王羲之见了也要甘拜下风（吾笔当得王羲之北面）；

……

在同辈面前更是傲慢无比，有次他的公文交由上级苏味道（苏轼先人）审核，出来冷冷地道：苏味道必死无疑。（唳道必死。）

同事们大惊：哎呀妈呀，你杀人啦？

杜审言：他看了我的公文必羞愧而死！（彼见吾判，且羞死。）

同事：……

后来，他临终前宋之问和一帮朋友去看他，以为人之将死其言也谦，结果杜审言张口就来了这么一段：

"只要有哥在，你们就永远没有出头之日，现在我要死了，你们应该感到高兴啊！可惜了我这逆天的才华，世上再也无人可及……"（甚为造化小儿相苦，尚何言？然吾在，久压公等，今且死，固大慰，但恨不见替人。）

宋之问一伙人顿时被雷了个里焦外嫩：大哥，手托你能不能死快点啊！

不过，杜审言如此狂傲，也并非毫无根据——人家可是公认的初唐五言律诗奠基人，仅凭一首格律严谨的《和晋陵陆丞早春游望》，便足以笑傲诗坛。

> 独有宦游人，偏惊物候新。
> 云霞出海曙，梅柳渡江春。
> 淑气催黄鸟，晴光转绿蘋。
> 忽闻歌古调，归思欲沾巾。

明代著名诗论家胡应麟曾评价：初唐五言律诗，此首当推第一。

有这么一个爷爷，可以想见杜大叔骨子里那也是非常的骄傲和自信，他经常挂在嘴边的话是：

"吾祖诗冠古"——我爷爷的诗前无古人，后无……不对，后有来者，就是我！

"诗是吾家事"——写诗啊，那是我们老杜家的事儿，其他人哪儿凉快哪儿待着吧！

（四）

有人说李白从未老去，杜甫未曾年轻。所以我们喊杜甫是老杜，却从不喊李白老李。

关键时刻，我必须挺身而出：事实不是这样的！

> 忆年十五心尚孩，健如黄犊走复来。
> 庭前八月梨枣熟，一日上树能千回。
>
> ——杜甫《百忧集行》

看到没，我们杜大叔不仅年轻过，而且还很晚熟，十五岁还在干七八岁熊孩子干的事儿。摘梨摸枣，活力四射，上树比猴还溜。

十九岁时，杜大叔发了一条微博：世界这么大，我想趁着年轻去看看。

如果你以为 Gap Year（间隔年）只是西方国家的先进观念的话，那就大错特错了，其实这早都是我们古代文青们玩剩下的东西了。

十九岁时，杜甫出游郇瑕。（有说是山东临沂市，有说是山西临猗县。）

二十岁时，漫游吴越，历时三年。（土豪任性，旅游都是按年算的！）

二十四岁科考落榜后，继续旅游。（天天游山玩水，不在家好好复习，直接裸考能不挂吗？）

因为老爸在山东做官，杜甫就跑去省亲，开启齐赵之游（山东河北一带）。

第一站，五岳之尊——泰山！

望岳

岱宗夫如何？齐鲁青未了。

造化钟神秀，阴阳割昏晓。

荡胸生层云，决眦入归鸟。

会当凌绝顶，一览众山小。

谁说我们杜大叔没有年轻过，不年轻能在名落孙山后写出这么积极昂扬、气势磅礴的诗篇吗？！

杜大叔在山东河北一带，一玩就是五年。五年啊朋友们，硕博连读都毕业了！

放荡齐赵间，裘马颇清狂。

春歌丛台上，冬猎青丘旁。

呼鹰皂枥林，逐兽云雪冈。

射飞曾纵鞚，引臂落鹙鸧。

——节选自《壮游》

春天，杜大叔在邯郸的丛台高歌：邯郸美景三月天哪，春雨如酒柳如烟哪……

冬天，就在青丘的原野游猎：纵马携弓，箭无虚发！（此处请自配背景音乐：射雕引弓塞外奔驰，笑傲此生无厌倦……）

帅不帅气？拉不拉风？！

杜甫：呵呵，当年大叔我穿着裘皮大衣开着牧马人，呼鹰逐兽、纵横山林的青春往事你们语文老师怕是没跟你们讲吧。二十几岁就背上房贷的人，也好意思说哥没有年轻过？

怎么样，是不是知道自己错了？别着急，剧情马上就要反转了。

（五）

有人说，人生就像一盒巧克力，谁也不知道下一块会是什么味道。

天宝五载（746年），已经三十五岁的杜大叔，终于决定去帝都长安找工作了。

是的，你没看错，杜大叔啃老啃到了三十多岁！羡不羡慕？嫉不嫉妒？！

天宝六载（747年），唐玄宗亲自举办了一场特科考试，杜大叔信心满满：看哥的，此番必取功名！

然而，天有不测风云，人有旦夕祸福——杜大叔……又落榜了。

如果说上次落榜是大叔裸考轻敌，那这次就是撞到鬼了——因为这次居然所有考生全部落榜！

作为主考官的宰相李林甫兴冲冲地对唐玄宗说："恭喜皇上，

贺喜皇上，这次考试，一个也没中！"

皇帝蒙了："这喜从何来？"

李林甫："说明人才都在朝廷内，野无遗贤啊。"（此人是个烂学渣半文盲，最讨厌有才华的人，系有意为之。）

唐玄宗"哦"了一声就颠颠跑回了后宫："小环环，去骊山泡温泉喽。"

辛苦备考，却平白无故做了炮灰，杜大叔义愤填膺："微生沾忌刻，万事益酸辛！"

天真的大叔此时还没料到，命运对他的轮番轰炸，这才只是开了个头。

屋漏偏逢连夜雨。

这期间大叔当官的老爸去世了，第二炸顺势而来：工作难找，经济危机随之而来！

朝扣富儿门，暮随肥马尘。

残杯与冷炙，到处潜悲辛。

早晨起来厚着脸皮到达官贵人家投简历，下午跟在人家宝马车后面吃一肚子车尾气。（看来首都的工作自古就不好找啊！）

年轻时以为凭借自己的逆天才华（爷爷那儿隔辈传的），封侯拜相易如反掌，如今却沦落到排队买政府减价米的窘境。从前没吃过什么苦的杜大叔，在长安找工作的十年间，饱尝了人情冷暖、世态炎凉。

（六）

天宝十四载（755年）。

长漂十年后，杜大叔终于等来了一个"右卫率府胄曹参军"的职位，听起来好像很高大上，其实就是个看大门的——负责看管兵器库。

很好，我一个搞文学的，你居然让我去做仓库管理员……

换作李白，绝对扭头就走，老子才不伺候呢！可杜大叔不一样，他从小接受的家庭教育就是："好好学习，报效朝廷，生是朝廷的人，死是朝廷的鬼！"

虽然觉得委屈，大叔还是如期报到了——千里之行，始于足下嘛。继续努力，一定还有机会的！

可是，杜大叔怎么也不会想到，刚刚找到工作，自己马上又迎来了第三炸：渔阳鼙鼓动地来，惊破霓裳羽衣曲——安史之乱爆发了！

大唐，褪去了盛世的最后一抹余晖。

天宝十五载（756年）初，安禄山由洛阳攻潼关，六月，潼关失守，长安陷落。

杜甫与妻子杨氏，拖儿带女，夹杂在难民中向北逃亡。深夜途经荒山，一家人饥渴难耐，又怕虎狼来袭：

彭衙行

> 忆昔避贼初，北走经险艰。
>
> 夜深彭衙道，月照白水山。

尽室久徒步，逢人多厚颜。

参差谷鸟吟，不见游子还。

痴女饥咬我，啼畏虎狼闻。

怀中掩其口，反侧声愈嗔。

小儿强解事，故索苦李餐。

一旬半雷雨，泥泞相牵攀。

既无御雨备，径滑衣又寒。

　　小女儿饿到咬杜甫的手，怕闹声招来野兽，杜甫不得不捂住她的嘴巴，还不懂事的小女儿却因此更加吵嚷。小儿子已略微懂事，摘来几个李子安抚妹妹……

　　就这样饥吃野果，夜宿荒山，一家人历经艰辛，终于抵达战祸未及的鄜州（今陕西富县），暂且安定下来。

　　七月，唐肃宗在灵武即位。依然心系组织的大叔告别妻儿，在乱世中独自踏上征程，打算投奔新继位的肃宗皇帝，继续报效朝廷、发光发热。可是上路没多久，组织没找到，却和叛军来了个狭路相逢——人要倒起霉来，真是喝凉水都塞牙啊！

　　就这样，杜大叔被叛军捉个正着，押回已经沦陷的长安。整整一年后，他才得以逃脱，千辛万苦找到组织，当时的形象是"麻鞋见天子，衣袖露两肘"。

　　唐肃宗感动涕零：孤胆英雄，大唐脊梁啊！亲授大叔左拾遗职位。

　　重新找到工作的杜大叔终于松了口气，正打算喝口水压压惊，结果杯子还没拿稳，第四炸又来了！（大叔，你的命到底是有多苦？！）

新岗位还没干满试用期，"乾坤一腐儒"的杜大叔就因为在唐明皇父子俩的政治斗争中站错队，被贬到华州做司功参军。结果遇上关中大旱，物价飞涨，薪水简直日光，养家糊口无望，四十八岁的大叔就此裸辞出走。

生命中最艰苦的一年，到来了。

辞职后，大叔先是带着一家老小远走秦州，听说那里远离战乱，风调雨顺。结果抵达后，诸事不顺，连个落脚的房子都找不到。于是辗转同谷，结果更麻烦，连肚子都吃不饱。

乾元中寓居同谷县作歌七首·其一

有客有客字子美，白头乱发垂过耳。
岁拾橡栗随狙公，天寒日暮山谷里。
中原无书归不得，手脚冻皲皮肉死。
呜呼一歌兮歌已哀，悲风为我从天来。

四处颠沛流离，一天到晚饥肠辘辘，"整天不是山谷捡橡果，就是雪地寻山芋"说的就是这段时间啊！

华州、秦州、同谷，一年内大叔一家四处逃荒，脚步就没停下过。越逃越荒，越逃越难，简直活成了一部行走的难民纪录片……

乾元中寓居同谷县作歌七首·其二

长镵长镵白木柄，我生托子以为命。

黄独无苗山雪盛，短衣数挽不掩胫。

此时与子空归来，男呻女吟四壁静。

呜呼二歌兮歌始放，邻里为我色惆怅。

"镵"即锄头，"黄独"即野生山芋。天寒地冻中，杜大叔忍不住默默祈祷：

长镵啊长镵，我老杜一家可全靠你活命了，你可一定要给力啊！

可惜，冬天黄独无苗可寻，山雪又盛，能不能挖到，纯属碰运气。此时的杜大叔还衣不蔽体，裤子拽来拽去也拉不到脚踝处，寒风瑟瑟中，挖了半天，愣是啥也没挖到。携着长镵空手而归，还没进门，就听到家里男女老少饿到呻吟不止，左邻右舍也叹息连连……

理想和现实的巨大差距，让杜大叔的身心饱受摧残，曾经雄心壮志想要"致君尧舜上"，可科举有小人挡道，职场无伯乐相助，到现在几乎沦为山谷野人、乱世乞丐。试问盛唐的诗人中，又有哪一个会落魄到如此境地？

大叔表示真的很受伤：为什么？为什么生活给我的巧克力，每一块都是苦的啊？！

老天爷："子美呀，天将降大任于斯人也，必先……"

杜甫："滚！"

（七）

对于杜大叔的疑问，几十年后，中唐晚辈白居易曾在拜读李白杜甫诗集后，一语道破天机：

天意君须会，人间要好诗。（白居易《读李杜诗集因题卷后》）

没错，让你吃苦受罪，是为了让你写出好诗啊！

旅食京华，穷愁潦倒、衣食维艰，因此在盛唐诗人中，你才能最早从盛世的繁华浪漫中游离出来，开始以敏锐的目光探索社会之隐疾，书写出一篇篇沉郁顿挫的现实主义力作。

例如，天宝年间唐王朝边境战事不断，这在时人眼中也许是国力强盛的表现，你却已看到民间凋敝、人悲鬼哭的凄惨景象：

兵车行

车辚辚，马萧萧，行人弓箭各在腰。

爷娘妻子走相送，尘埃不见咸阳桥。

牵衣顿足拦道哭，哭声直上干云霄。

道旁过者问行人，行人但云点行频。

或从十五北防河，便至四十西营田。

去时里正与裹头，归来头白还戍边。

边亭流血成海水，武皇开边意未已。

君不闻，汉家山东二百州，千村万落生荆杞。

纵有健妇把锄犁，禾生陇亩无东西。

况复秦兵耐苦战，被驱不异犬与鸡。

长者虽有问，役夫敢申恨？

且如今年冬，未休关西卒。

县官急索租，租税从何出？

信知生男恶，反是生女好。

生女犹得嫁比邻，生男埋没随百草。

君不见，青海头，古来白骨无人收。

新鬼烦冤旧鬼哭，天阴雨湿声啾啾。

　　天宝八载（749年），大唐攻取吐蕃石堡城，士卒死者数万；天宝十载（751年），杨国忠发动南诏战争，士卒亦伤亡惨重，以致"千去不一回，投躯岂全生"。

　　对这些漠视将士生命的黩武之战，你是坚决反对的。此诗可说是集中体现了你对家国时局的忧思、对百姓生命的尊重，以及内心深厚的悲悯情怀。

　　杨氏兄妹曲江春游、宴游无度，这在时人眼中也许是歌舞升平、花团锦簇的象征，可你却看到了奸臣弄权、外戚乱政的征兆：

丽人行

三月三日天气新，长安水边多丽人。

态浓意远淑且真，肌理细腻骨肉匀。

绣罗衣裳照暮春，蹙金孔雀银麒麟。

头上何所有？翠微㔉叶垂鬓唇。

背后何所见？珠压腰衱稳称身。

就中云幕椒房亲，赐名大国虢与秦。

紫驼之峰出翠釜，水精之盘行素鳞。

犀箸厌饫久未下，鸾刀缕切空纷纶。

黄门飞鞚不动尘，御厨络绎送八珍。

箫鼓哀吟感鬼神，宾从杂遝实要津。

后来鞍马何逡巡，当轩下马入锦茵。

杨花雪落覆白苹，青鸟飞去衔红巾。

炙手可热势绝伦，慎莫近前丞相嗔！

此诗作于天宝十二载（753年），从一个角度反映了安史之乱前夕的社会现实。诗分三段：先以工笔重彩描摹了游春仕女的娴美容态和华丽服饰，引出主角杨氏姐妹的娇艳姿色；次写宴饮佳肴的名贵及所得的宠幸；末写杨国忠之权势熏天。全诗场面宏大，鲜艳富丽，笔调细腻生动，讽刺含蓄不露，"无一刺讥语，描摹处语语刺讥；无一慨叹声，点逗处声声慨叹"。

石壕吏

暮投石壕村，有吏夜捉人。

老翁逾墙走，老妇出门看。

吏呼一何怒！妇啼一何苦！

听妇前致词：三男邺城戍。

一男附书至，二男新战死。

存者且偷生，死者长已矣！

室中更无人，惟有乳下孙。

有孙母未去，出入无完裙。

老妪力虽衰，请从吏夜归。

急应河阳役，犹得备晨炊。

夜久语声绝，如闻泣幽咽。

天明登前途，独与老翁别。

　　黑夜给了你黑色的眼睛，你却用它看见了安史之乱中老翁别老妪的泪水，新妇送征夫的牵挂，战士无家归的荒凉，所以后世有了"三吏""三别"这些苍凉悲悯的历史画卷！

春望

国破山河在，城春草木深。

感时花溅泪，恨别鸟惊心。

烽火连三月，家书抵万金。

白头搔更短，浑欲不胜簪。

　　被困长安，眼见曾经繁华喧闹的帝都断壁残垣、满目疮痍，你痛心疾首写下了这首"不会背不是中国人"的千古大作。

月夜

今夜鄜州月，闺中只独看。

遥怜小儿女，未解忆长安。

香雾云鬟湿，清辉玉臂寒。

何时倚虚幌，双照泪痕干。

被叛军所俘，与妻儿天各一方，音讯两绝。清辉满地的秋夜，你想到妻子肯定也在千里之外望月垂泪，为自己生死未卜而牵挂，于是你写下了这首夫妻情深、感人肺腑的《月夜》。

此诗历来被各代诗评家赞叹构思新奇——不写自己在长安月下牵挂妻儿之状，而是将诗从对面写来，想象身在鄜州的妻子如何望月思夫。其实，我懂你之所以如此下笔，绝非凭技巧为之，而是自然而然，发乎真情。

赠卫八处士

人生不相见，动如参与商。

今夕复何夕，共此灯烛光。

少壮能几时，鬓发各已苍。

访旧半为鬼，惊呼热中肠。

焉知二十载，重上君子堂。

昔别君未婚，儿女忽成行。

怡然敬父执，问我来何方。

问答未及已，儿女罗酒浆。

夜雨剪春韭，新炊间黄粱。

主称会面难，一举累十觞。

十觞亦不醉，感子故意长。

明日隔山岳，世事两茫茫。

老友重逢，叙旧唠嗑，本是寻常情境，可为何到了你的笔下，却令人唏嘘无限，几欲泪目？因为那是烽火乱世、沧桑巨变中的重逢啊！这一夕的温馨之感，是兵荒马乱的世道中多么难得的美好时刻。

明日隔山岳，世事两茫茫——从此之后，你确实再也没能回到家乡洛阳，这首诗既是相聚也是诀别。

月夜忆舍弟

戍鼓断人行，秋边一雁声。

露从今夜白，月是故乡明。

有弟皆分散，无家问死生。

寄书长不避，况乃未休兵。

战乱阻隔，手足分散，一句"月是故乡明"，一千多年来，打动多少游子的心？

绝句

两个黄鹂鸣翠柳，一行白鹭上青天。

窗含西岭千秋雪，门泊东吴万里船。

都说熟悉的地方没有风景，半世苦难漂泊的你，却分外珍惜在成都的安闲时光，把家门口的寻常景色，都勾勒成了 5A 景区的动态水墨画。

任何不能摧毁你的东西，都只会让你变得更强大。

是的，苦难磨炼出你登峰造极的艺术才能，你写什么几乎都能写到最好，不管什么题材，不管何种情感，只要你杜大叔一出手，立时臻于化境。

在诗歌全盛、高手林立的唐诗江湖中，杜大叔在苦难中不屈不挠，博采众长，别人走过的路他走，别人没走过的路他也走，最终默默走出了一条属于自己的康庄大道！

一个自成一格、笑傲诗坛的集大成者，已现端倪。

（八）

江村

清江一曲抱村流，长夏江村事事幽。

自去自来堂上燕，相亲相近水中鸥。

老妻画纸为棋局，稚子敲针作钓钩。

但有故人供禄米，微躯此外更何求。

回到之前。

在同谷待不下去后，大叔一家暴走四川，来到天府之国混饭吃。有好友在四川为官，大叔背靠大树好乘凉，终于迎来一段难得的安闲时光。

感谢天，感谢地，感谢命运，我们的杜大叔终于可以喘口气了！

日子安定，眼中万物也都变得美好生动起来：

· 圆荷浮小叶，细麦落轻花。

· 细雨鱼儿出，微风燕子斜。

·迟日江山丽，春风花草香。

·留连戏蝶时时舞，自在娇莺恰恰啼。

……

有时，一场悄然而来的夜雨，也能带给他无限喜悦：

春夜喜雨

好雨知时节，当春乃发生。

随风潜入夜，润物细无声。

野径云俱黑，江船火独明。

晓看红湿处，花重锦官城。

偶有朋友不期而至，他便欢天喜地，还要拉上邻舍老翁作陪，大家欢快畅饮、忘怀世事：

客至

舍南舍北皆春水，但见群鸥日日来。

花径不曾缘客扫，蓬门今始为君开。

盘飧市远无兼味，樽酒家贫只旧醅。

肯与邻翁相对饮，隔篱呼取尽余杯。

后来，听到叛乱平定，狂喜之下更挥洒出了有"生平第一快诗"之称的《闻官军收河南河北》：

剑外忽传收蓟北，初闻涕泪满衣裳。

却看妻子愁何在，漫卷诗书喜欲狂。

白日放歌须纵酒，青春作伴好还乡。

即从巴峡穿巫峡，便下襄阳向洛阳。

一句"白日放歌须纵酒，青春作伴好还乡"，可谓快意已极，即便放在李白诗集中，亦可说是毫无违和感。

所以说，不要天天只给我们杜大叔扣"现实主义伟大诗人"的帽子，什么浪漫主义，山水田园，大叔只要想写，水平也是高出天际呢！

当然，"许身一何愚，窃比稷与契"的杜大叔并未就此沉浸在一己之乐中，时刻以家国为念的他，初到成都便去拜谒武侯祠，寻幽凭吊：

蜀相

丞相祠堂何处寻？锦官城外柏森森。

映阶碧草自春色，隔叶黄鹂空好音。

三顾频烦天下计，两朝开济老臣心。

出师未捷身先死，长使英雄泪满襟。

这首咏史怀古的著名七律，表面看是抒发对三国名臣诸葛亮才智品德的崇敬和功业未遂的感慨，其实又何尝不是在映照现实——彼时，安史之乱尚未平定，国家分崩离析，民不聊生，令杜大叔忧心如焚。他多么渴望此刻能有忠臣贤相匡扶社稷，扭转乾坤，恢复国家的和平与统一呢？

不仅如此，就算偶尔遭遇房顶被风吹跑的小插曲，杜大叔也会立刻联想到全天下忍饥受冻的穷苦大众，甚至为了他人的安宁幸福，甘愿以一己之身担起所有苦难：

茅屋为秋风所破歌

八月秋高风怒号，卷我屋上三重茅。茅飞渡江洒江郊，高者挂罥长林梢，下者飘转沉塘坳。

南村群童欺我老无力，忍能对面为盗贼。公然抱茅入竹去，唇焦口燥呼不得，归来倚杖自叹息。

俄顷风定云墨色，秋天漠漠向昏黑。布衾多年冷似铁，娇儿恶卧踏里裂。床头屋漏无干处，雨脚如麻未断绝。自经丧乱少睡眠，长夜沾湿何由彻！

安得广厦千万间，大庇天下寒士俱欢颜！风雨不动安如山。呜呼！何时眼前突兀见此屋，吾庐独破受冻死亦足！

诗的结尾杜大叔在床头屋漏、秋雨难眠的窘迫境遇中依然推己及人，直抒"安得广厦千万间，大庇天下寒士俱欢颜"的伟大宏愿。情绪激越轩昂，一句"吾庐独破受冻死亦足"闪烁出无比耀目之光芒，代表着大叔思想所达到的最高境界——与三百年后范仲淹的"先天下之忧而忧，后天下之乐而乐"可谓曲异而工同。

何等崇高之精神，何等博大之胸襟也！

北宋苏轼曾云：古今诗人众矣，而杜子美为首，岂非以其流落饥寒，终身不用，而一饭未尝忘君也欤？

虽"一饭未尝忘君"，但整体来说，杜大叔在成都的日子，是美好的。

然而，幸福的时光对大叔总是特别的吝啬——几年后，四川的高官朋友相继去世，成都的生活也变得难以为继。

> 江碧鸟逾白，山青花欲燃。
>
> 今春看又过，何日是归年？

765 年春，大叔一家顺江而下，希冀返乡，漂泊中又有名篇面世：

旅夜书怀

> 细草微风岸，危樯独夜舟。
>
> 星垂平野阔，月涌大江流。
>
> 名岂文章著，官应老病休。
>
> 飘飘何所似，天地一沙鸥。

至此，大叔写诗的功力已然横逆不可当，语句锤炼到极致啊！

古往今来，多少人是跪着读完这篇的……（反正我是读一次跪一次的）

尤其第二联，历来为人所称道。星空低垂更见平野广阔，大江奔腾方显月随波涌，如此雄浑阔大的景象，更衬托出大叔心中无尽落寞凄凉。晚年再度漂泊，心中辛酸，可见一斑。

（九）

行至夔州，老病缠身，无力前行，就此客居三年。此时，五十多岁的大叔已深受肺病、风湿、风痹等疾病侵袭，耳聋齿落，风烛残年。

又是九九重阳节，两鬓霜雪的杜大叔，独自登上白帝城外的高台。

深秋时节，山川绵延萧瑟，天空辽阔，晚风猎猎而过。山谷中群猿哀啸，沙渚上飞鸟还巢，漫山遍野的枯叶随风纷扬而下，滚滚东逝的江水从不曾为谁而停留……

独处悠悠天地之间，回首往昔，壮年漫游时的潇洒不羁，长安求职的困顿蹉跎，烽火乱世的心惊胆战，西南漂泊的游子之思，刹那间齐聚而来。千般沧桑，万种感慨，汇集一处凝成了一首"古今独步，七言律诗第一"的旷世之作：

登高

风急天高猿啸哀，渚清沙白鸟飞回。

无边落木萧萧下，不尽长江滚滚来。

万里悲秋常作客，百年多病独登台。

艰难苦恨繁霜鬓，潦倒新停浊酒杯。

这一生，我终究没能实现梦想。

我多想再回到洛阳和长安。在那里，我曾挥洒青春，放飞理想……

是啊，叶落归根，树犹如此，人何以堪？

出发，返乡！

768 年初，大叔一家乘舟出峡再次上路。可由于时局依然混乱，之后的两年间，投靠无门，故乡难归。一家人以船为家，如浮萍般在江河中困顿飘零。

> 昔闻洞庭水，今上岳阳楼。
>
> 吴楚东南坼，乾坤日夜浮。
>
> 亲朋无一字，老病有孤舟。
>
> 戎马关山北，凭轩涕泗流。

就是在这期间，杜大叔登上洞庭湖畔的岳阳楼，眺望着波涛浩渺的湖面，吟出了这首被后人誉为盛唐五律第一的《登岳阳楼》。

自身的生活已是"亲朋无一字，老病有孤舟"，而令他涕泪纵横的却是国家还在遭受战火的侵袭，人民依然流离失所，灾难深重……

为什么有的人伟大，因为在他们心中，从来不只有自己。

（十）

770 年冬，洞庭湖一叶风雨飘摇的小船上。

杜大叔带着无尽的遗憾，迎来了生命的终点。至死他没能回到阔别多年的故乡洛阳，也没能回到寄托毕生理想的帝都长安。

一代诗圣就这样默默地逝去了。陪伴他的,只有静静的洞庭湖水,无声拍打着船舷。

飘飘何所似,天地一沙鸥。

有人说,杜甫活了五十九岁,却好像活了两百岁。他一生经历,几乎浓缩了个体生命所能经受的全部苦难。

是的,这一生他的苦难和遗憾实在太多:

一心想要匡扶社稷,却总是身处江湖之远;

不能兼济天下,却也未能独善其身,半世穷困漂泊,深愧妻子儿女;

就连这辈子最骄傲的"诗是吾家事",活着的时候,也没能跻身一流作家的行列……

百年歌自苦,未见有知音。

(十一)

杜甫去世四十三年后,杜甫之孙杜嗣业终于有能力将其迁葬回河南老家,并邀请当时的大文豪元稹为其做墓志铭。不经意间翻开大叔沉寂的诗卷,元稹瞬时惊为天人:

天哪,这个人简直是神一样的存在!

在他笔下居然没有什么是不能写成诗的,大至家国天下,小至一餐一饭,巨如山川日月,微如草木虫鱼,甚至问别人要东西都是写诗的!

1500首诗篇包罗万象,应有尽有,精雕细琢却又浑然天成!

不仅在内容上是这样，就连形式、技法、风格也是如此，兼容并包，博大精深。

这是一个用生命在写诗的伟大的人哪！

抑制不住内心的崇拜之情，元稹提笔挥毫：

上薄风骚，下该沈宋，言夺苏李，气吞曹刘，掩颜谢之孤高，杂徐庾之流丽，尽得古今之体势，而兼人人之所独专矣。

诗人以来，未有如子美者。

此论一出，另外识货的两位中唐大咖也憋不住了：

独有工部称全美，当日诗人无拟论。——韩愈《题杜工部坟》

李杜文章在，光焰万丈长！——韩愈《调张籍》

（杜诗）贯穿今古，觇缕格律，尽工尽善。——白居易《与元九书》

及至晚唐，李、杜齐名已成诗坛共识，且大叔之作在当时已获"诗史"之誉：

命代风骚将，谁登李杜坛？少陵鲸海动，翰苑鹤天寒。——杜牧

李杜操持事略齐，三才万象共端倪。——李商隐

杜逢禄山之难，流离陇蜀，毕陈于诗，推见至隐，殆无遗事，故当时号为"诗史"。——孟棨

三百年后。

北宋苏轼云：

杜子美诗，格力天纵，奄有汉、魏、晋、宋以来风流，后之作者，殆难复措手。

其又云：

子美之诗，退之之文，鲁公之书，皆集大成者也。

苏轼弟子秦观亦紧随恩师步伐，对大叔花式称赞：

杜子美之于诗，实积众家之长，适当其时而已。昔苏武、李陵之诗，长于高妙；曹植、刘公干之诗，长于豪逸；陶潜、阮籍之诗，长于冲淡；谢灵运、鲍照之诗，长于峻洁；徐陵、虞信之诗，长于藻丽。于是杜子美者，穷高妙之格，极豪逸之气，包冲淡之趣，兼峻洁之姿，备藻丽之态，而诸家之作所不及焉。

改革家王安石甚至将杜甫之诗歌地位置于李白之上：

白之歌诗，豪放飘逸，人固莫及，然其格止于此而已，不知变也。至于甫，则悲欢穷泰，发敛抑扬，疾徐纵横，无施不可。故其诗有平淡简易者，有绮丽精确者，有严重威武若三军之帅者，有奋迅弛骤若泛驾之马者，有淡泊闲静若山谷隐士者，有风流蕴藉若贵介公子者。盖其诗绪密而思深，观者苟不能臻其阃奥，未易识其妙处，夫岂浅近者所能窥哉！此甫所以光掩前人，而后来无继也。

一千多年后。

鲁迅说："我总觉得陶潜站得稍稍远一点，李白站得稍稍高一点，这也是时代的使然。杜甫似乎不是古人，就好像今天还活在我们堆里似的。"

闻一多说："杜甫是四千年文化中最庄严、最瑰丽、最永久的一道光彩！"

余秋雨说："人世对他，那么冷酷，那么吝啬，那么荒凉；

而他对人世却完全相反，竟是那么热情，那么慷慨，那么丰美。这就是杜甫。"

……

是的，集大成者的伟大和光芒，恰如沙中之金，往往是在时间长河的漫长涤荡中显现出来的，且愈经磨洗愈加灿烂夺目。

所以，大叔别遗憾，时光是你最好的知音。

掌声可能会迟到，但从不会缺席。

你，最终和李白并肩站在了唐诗江湖的最高峰，并以一人之力独摘"诗史""诗家诗祖""诗圣"三顶古代诗歌史上至高无上之桂冠，掣鲸碧海，雄视百代。

千秋万世名！

韩愈

勇往直前、炮火全开的人生到底有多酷

（一）

唐，贞元十一年（795年），二十八岁的韩愈很焦虑。

自己进士登科有三年了，却仍无一官半职在身。长安米贵，居大不易，房租欠下几个月了，信用卡也早已刷爆，今天又是这个月第三次被宰相家的门卫轰到大街上了。

看看身边的同龄人，比自己小四岁的刘禹锡已是太子校书，小五岁的柳宗元也已入职秘书省，自己却仍是穷愁潦倒的布衣，怎不令人忧急如焚？

失魂落魄地走在帝都最为繁华的东市大街上，耳边尽是骡马鼎沸、老幼喧呶之声，目及则一片市井纵横、万瓦鳞次之象。一瞬间，韩愈忽觉凄苦之感从未如此深重：

偌大一个长安城，千门万户，竟无我韩退之立锥之地……

正恍惚间，突听一阵马蹄声响，几名锦衣差人疾驰而来，为首者高声喝道：

"金吾卫奉命护送祥瑞之物入宫，闲杂人等且速避让，如有冲撞，无可轻恕！"

言罢，人群仓皇退避，且个个低眉垂首，莫敢逼视，深恐得罪了官家横生枝节。唯韩愈在推搡拥挤中倔强挺立，横眉冷目：

"哈，所谓的祥瑞之物竟不过是两只白羽禽鸟而已，却得如此声势！"

心下愤然之际，手持金丝笼的差人正纵马从其身旁掠过，笼中的两只白鸟神态倨傲地对着韩愈一阵叽叽喳喳，仿佛也在讥笑着他的落魄——你个 loser（失败者），不服憋着！

（二）

韩愈怒了。

回到城郊简陋的出租屋，他大力挤出最后几滴墨汁，执笔狂书，洋洋洒洒写下一篇《感二鸟赋》，中心思想基本可以概括为"世道变坏，是从人不如鸟开始的"——文中历陈自己"读书著文，自七岁至今，凡二十二年"却"曾不得名荐书、齿下士于朝，以仰望天子之光明"的辛酸历程，对比二鸟"惟以羽毛之异，非有道德智谋"却得以"蒙恩而入幸"的鲜明反差，大泄胸中孤愤。

然而，短暂的创作快感褪去后，强烈的无力感却潮水般涌来："是啊，文章固然写得痛快，可又能改变什么呢？自己明天依然要卷起铺盖，滚出长安……"

没有谁，会在乎一个弱者的愤怒。

长安的最后一夜，韩愈辗转反侧，难以成眠。望着屋顶破洞外的点点星光，他不懂上天缘何要对自己凉薄至此——二十八年来，自己有哪一天不是在艰难困苦，贫贱忧戚中苦苦煎熬？

自发蒙读书以来，无日不兢兢业业，焚膏继晷，口不绝吟于六艺之文，手不停披于百家之编。然旅食京师十载，却依旧投靠无门，仕进无路！

自忖不曾行差踏错，人生却为何从无转机？！

明日无功而返，将以何面目去见含辛茹苦的老嫂子？又该怎么迎接一向对自己崇拜有加的侄儿韩老成的殷殷目光？

……

五内杂陈，纷乱思绪中，往事随同夜色将韩愈紧紧包裹。

（三）

768年，韩愈出生于一个普通的官宦世家。

远祖虽也不乏封侯拜相之能人，但到了爷爷、老爹这两辈，已然官小名微，家世衰落。

大家都知道，唐代门第观念十分严重，比如姓李的无一例外都说自己是陇西李氏（李白、李贺、李商隐），姓杜的则一概讲自己出自京兆杜氏（杜甫、杜牧，不过这两位的确名副其实）。

而中唐的一众诗人，家世普遍都比较一般。

为了不给科举考试以及婚姻仕途扯后腿，刘禹锡谎称自己是中山靖王刘胜之后，白居易则认秦国大将白起做祖宗，纷纷往自己脸上贴金。

韩愈也没能例外，说自己出身昌黎韩氏，所以人称韩昌黎。

其实在我看来，比起这些虚无缥缈的郡望头衔，韩愈家世中更值得骄傲和显摆的，显然应该是以下信息——韩氏家族曾和李白有过密切交集。

是的，你没看错，我讲的就是盛唐一哥：李太白！

至于具体是何交集，且让我们一起回到公元757年。

话说这一年，咱们的李白同学时运不济、命途多舛，因报国心切加入永王幕府而不幸沦为政治斗争的牺牲品，惨遭牢狱之灾。在流放夜郎前，他曾在武昌短暂逗留。

而当时的武昌县令，正是韩愈的父亲韩仲卿！

彼时，韩愈老爸即将期满卸任，因在职期间政绩卓著，新上任的县令及当地民众便力邀李白为其作碑文一篇，以记功德。

啧啧，这咖位。（想当年，我们李大哥可是专为玄宗、贵妃写诗填词的顶级御用文人啊！）

在这篇《武昌宰韩君去思颂碑》中，李白描绘韩仲卿在任期间当地的民风是"惠如春风，三月大化"；治安方面则是"奸吏束手，豪宗侧目"；经济民生上更是"此邦晏如，襁负云集"，以至于短短两年间，当地人口激增三倍……

整体对韩愈老爸的功绩赞（吹）扬（嘘）得可以说是面面俱到，不遗余力了。

这已足够令人艳羡了对不对？

可老韩家和李白的交集却远不止此！

韩愈的二叔韩云卿和李大哥竟然还是一对喝酒撸串、亲密无间的好哥们！至今，《李太白文集》中还躺着三首李大哥写给韩云卿的诗。

李大哥给爱他胜过爱自己的子美弟弟，也不过就写了三首诗而已啊！

我们再来看看诗的内容：

金陵听韩侍御吹笛

韩公吹玉笛，倜傥流英音。

风吹绕钟山，万壑皆龙吟。

王子停凤管，师襄掩瑶琴。

馀韵度江去，天涯安可寻。

你看看，李大哥笔下的韩愈叔父风流倜傥，雅好丝竹，与放浪形骸的李大仙十分登对。

（杜甫：写我是"借问别来太瘦生，总为从前作诗苦"，写人家就是"韩公吹玉笛，倜傥流英音"，宝宝的心好痛……）

后来分别之际，李白还为韩愈叔父准备了最爱的月下饮酒宴：

送韩侍御之广德

昔日绣衣何足荣，今宵贳酒与君倾。

暂就东山赊月色，酣歌一夜送泉明。

想想吧，假设刘禹锡、白居易等中唐诗人能有机会见到李白，哪个不得恭恭敬敬地作个揖，然后无限仰慕地喊一句：前辈，久仰哇！

可我们韩愈同学不一样，按照祖上的交情，人家是能撒娇地摇着李白的手，亲昵地来一句：李叔，人家真的好喜欢你的诗哦！

看到这儿，有没有对韩愈油然生出一股羡慕嫉妒恨的情绪来？！

其实大可不必。因为老韩出生时，李白已抱月而终六年了，他根本没机会一睹诗仙风采。

列位看官可能要问了："那想必韩愈应该经常会缠着家中长辈讲述太白叔叔的故事吧？"

遗憾的是，就连这项福利，韩愈同学也没享受到……

（四）

在唐宋八大家里，说韩愈是才华最高的，可能有人会不服（眼瞅某个眉州人的粉丝要闹事：毕竟苏东坡同学是举世公认的五千年一遇之全才奇才），但要说老韩的命是最苦的，却绝对毫无争议。

其出生不到两个月母亲就去世了，不及三岁，老爹也撒手西去。

此后，他由年长自己三十岁的兄嫂抚养。虽比爹妈隔了一层，但毕竟是亲哥亲嫂子，也不会差到哪里去。

小韩愈就这样在兄嫂的庇护下安然成人了吗？

不存在的。八大家里命苦属第一，你以为随便说说的？！

十岁那年，厄运再次降临。

哥哥韩会受被诛的宰相元载牵连，被远贬韶州刺史（今广东曲江，即盛唐宰相张九龄老家），结果抵任后不足两年，便因忧愤过度而亡。

至此，韩愈骨肉至亲凋丧殆尽（双亲及三个兄长全部殒殁），唯一能相依为命的，就剩嫂子郑氏和侄子韩老成了。

与寡嫂孤侄万里跋涉，历尽劫难，好不容易扶柩返乡后，本想依靠河南老家祖上的一点田产过活，偏逢中原战火（藩镇混战），一家老小不得已又避走安徽宣城。

老韩的整个幼年就这样不断地在悲伤和辗转奔波中循环度过。在后来为侄子韩老成写的祭文中，我们尚可一窥其当年的孤苦境地：

呜呼！吾少孤，及长，不省所怙，惟兄嫂是依。中年，兄殁南方，吾与汝俱幼，从嫂归葬河阳。既又与汝就食江南。零丁孤苦，未尝一日相离也。

吾上有三兄，皆不幸早世。承先人后者，在孙惟汝，在子惟吾。两世一身，形单影只。嫂尝抚汝指吾而言曰："韩氏两世，惟此而已！"

——《祭十二郎文》

你看，父母兄长全去世了，子辈的就剩自己，孙辈的就剩侄子韩老成，两世一身，形单影只。其嫂经常搂着幼子，指着韩愈，不无凄楚地说："老韩家的香火，可就剩你们两棵独苗苗了呀！"

细心的读者可能发现了，这是一篇……祭文。

是的，你没猜错，后来就连相依为命的侄子也走在了老韩前头，壮年而亡。而当时韩愈还尚未出人头地，也就是所谓的没让侄子过上一天好日子……

哎，命苦到这份上，真的是黄连都不好意思说自己苦了。

（五）

寄居宣城后，韩愈终于过了四五年相对安定的生活。

其间他潜心古训，精研经史百家，"前古之兴亡，未尝不经于心也，当世之得失，未尝不留于意也"，逐渐树立了远大的人生抱负。

我年十八九，壮气起胸中。

作书献云阙，辞家逐秋蓬。

——《赠徐州族侄》

十数年的学海遨游，让韩愈壮怀激烈，对自己的才学与前途充满信心。怀着一战即捷的必胜把握，十九岁那年他辞别家人，开启了长安逐梦之旅。

他相信凭着自己的努力，一定可以很快在长安站稳脚跟，把嫂嫂与侄儿接来照顾，为国效力兼再振家业。

然而，正如拳王泰森所说："每个人都有一个计划，直到被一拳打到脸上。"

韩愈很快被现实打得鼻青脸肿。

先是科举应试，一试而败，再试再败，三试三败……（同时代的白居易、刘禹锡、柳宗元可都是一击即中哇！）直到第四次才终于转运，碰上了同为古文爱好者的主考官，得以金榜题名，扬眉吐气！

虽然过程十分曲折，但二十五岁中进士在唐代绝对可以说是很年轻、很值得骄傲了！

难道上天就此开始怜惜老韩同学了吗？

天真了。在当时，进士通关后，还得跨过博学鸿词科这道坎才能有官做。

结果——嘭！嘭！嘭！

生活又给了韩愈三记重拳，博学鸿词科继续三连败……

（六）

此时老韩已经以布衣之身在长安逗留了八九年，无官无职，举目无亲，连最低限度的生活都难以维持。

不论理想有多远大，活下去永远都是第一步。

逼不得已，韩愈开始直接给宰相写自荐信，希冀可以用自己的滔滔文采逆天改命——第一封信，老韩着重讲述了自己的坎坷遭遇：

四举于礼部乃一得，三选于吏部卒无成。九品之位其可望，一亩之宫其可怀。遑遑乎四海无所归，恤恤乎饥不得食，寒不得衣，滨于死而益固，得其所者争笑之，忽将弃其旧而新是图，求老农老圃而为师。悼本志之变化，中夜涕泗交颐……

就不逐句翻译了，这段话的大致意思是：我的科举选官之路那叫一个坎坷，到现在还一官半职没混到，吃不饱穿不暖，可怜得要死……即所谓的卖惨套路，博取一下同情分。

（千年之后，这一招依然是各大选秀节目中拉选票的必备撒手锏，所谓太阳底下没有新鲜事儿是也。）

结果宰相们显然比选秀评委铁石心肠多了，零回应。

韩愈不死心，又上一封，这次他开始讲故事。

他说，如果听到有人遭了水灾火灾，周围的人，不管是不是他的亲人，哪怕是他的仇人，也会不假思索地伸出援助之手啊！因为受灾的人命在须臾，情势实在太危急啦！

言下之意："我现在就是那个处于水深火热中的人啊！宰相大大们，赶紧救救我吧！"

结果，再次零回应。

这下韩愈彻底恼了："老子可是未来的百代文宗啊，你们是不是瞎！"

于是噼里啪啦又写了第三封信，把宰相们劈头盖脸一顿骂：

愈闻周公之为辅相，其急于见贤也，方一食三吐其哺，方一沐三握其发。

开篇一上来，韩愈就给宰相们搬出一个重量级的偶像人物："人家周公吃一顿饭会三次吐出嘴里的饭菜，洗一次澡会三次拧着湿漉漉的头发窜出来，为啥呢？为的就是能及时见到贤能之士啊！"

给宰相们示范完接待人才的正确打开方式后，紧接着老韩笔锋一转，祭出一通疾风骤雨式的狂轰滥炸：

今阁下为辅相亦近耳。天下之贤才岂尽举用？奸邪谗佞欺负之徒岂尽除去？四海岂尽无虞？九夷、八蛮之在荒服之外者岂尽宾贡？天灾时变、昆虫草木之妖岂尽销息？天下之所谓礼、乐、刑、政教化之具岂尽修理？风俗岂尽敦厚？……

可是诸位宰相，你们呢？做到野无遗贤了吗？奸佞之臣都清除了吗？四海平定了吗？八国来朝了吗？礼乐法制健全吗？国泰民安吗？风俗淳厚吗？风调雨顺吗？！……

（百代文宗果然不是浪得虚名，这一通连珠炮，惹不起，惹不起……）

随后老韩更直抒胸臆，将心中的不满全盘倾泻：

今虽不能如周公吐哺握发，亦宜引而进之，察其所以而去就之，不宜默默而已也！

其实也不指望你们能像周公一样吐哺握发，但好歹也应该对人才援引尽到最起码的责任吧？像这样三封信炸不出一个水花来，算几个意思？！

令人气愤的是，韩愈这封言辞激烈的信，依然没有换来三位宰相任何响应！

行，算你们狠。

写信不管用，那我就登门自荐，看谁杠过谁！

事实证明，此时的愤青老韩还完全没有跟当权者叫板的资本。怀着一腔愤懑走路带风地来到宰相府门前，结果还没踏上第一级石阶，就被门卫轰到了三千米开外。

连去三次，直接被列入了黑名单。（此处建议大家全体起立，为老韩的百折不挠献上我们最热烈的掌声！）

我们完全有理由相信，老韩最为人知的古文名篇《马说》，就是出于这个"'丧'就一个字，却在我身上重复了无数次"的至暗时期：

马说

世有伯乐，然后有千里马。千里马常有，而伯乐不常有。故虽有名马，祇辱于奴隶人之手，骈死于槽枥之间，不以千里称也。

马之千里者，一食或尽粟一石。食马者不知其能千里而食也。是马也，虽有千里之能，食不饱，力不足，才美不外见，且欲与常马等不可得，安求其能千里也？

策之不以其道，食之不能尽其材，鸣之而不能通其意，执策而临之，曰："天下无马！"呜呼！其真无马邪？其真不知马也！

这篇文章可以说完全是老韩长安十年求仕之旅的真实写照，

通篇都闪烁着八个大字：怀才不遇，领导眼瞎！

就这样，能努力的都努力了，该争取的都争取了，老韩的长安逐梦之旅终究还是以一无所得、黯然离京而告终。

哎，写到这里真的很想穿越回去，对着韩同学东出长安的落寞背影喊一句：

"加油啊老韩，黑夜纵然漫长，但光明终究会来到。"

你还会回来的！

（七）

有没有发现，如果要对老韩时乖运蹇的前半生做个总结，再没有比孟子那句鼎鼎大名的励志鸡汤更恰当的了——来吧，让我们一起大声地朗读出来：

"天将降大任于是人也，必先苦其心志，劳其筋骨，饿其体肤，空乏其身，行拂乱其所为，所以动心忍性，曾益其所不能。"

啧啧，简直是为我们老韩同学所量身定做啊！

那么，该吃的苦也吃得差不多了，敢问老天都降了哪些"大任"在老韩身上呢？

首先，当然是人尽皆知的古文运动——也就是提倡古文、反对骈文的一种文化革新。

大家可能要问了，为啥要反对骈文？

骈文多美、多有气势啊！比如王勃的《滕王阁序》，比如骆宾王的《为徐敬业讨武曌檄》……

不可否认，骈文因为讲求声律铿锵及对仗工整，读起来的确朗朗上口，韵律谐美。然美则美矣，由于过于迁就句式，堆砌辞藻，也很容易产生形式僵化、内容空虚之弊病。

而散文就不一样了，质朴自由，格式不限，可天马行空，自由发挥，而且更方便反映现实，表达思想。

当然了，老韩之所以要扛起文学复古的大旗，更深一层的动机乃是为了文以载道，复兴儒学！

看出来了没？所有的中唐诗人都有一个"中兴大唐，再现盛世"的梦啊！

所以元白搞新乐府，反映民生艰辛；刘柳搞永贞革新，革除弊政；而老韩则把目光瞄准了文化复兴——人心变了，风气好了，大唐才能从根上重新焕发生机啊！

瞅瞅，我们老韩看问题是多么深刻，目光是多么长远。

但革新从来都是不容易的，不论政治还是文学。

（八）

离开长安后，为谋生计，韩愈曾两入幕府为地方节度使担任掌书记，做些捉刀代笔的文职工作。

直到六年后，才终于通过吏部筛选，得以重返长安，任职四门博士（类似大学讲师），品级不高，亦无实权。

虽然素怀大志的韩愈对此并不甚满意，但好在这份工作倒是利于自己传播文学理念以及广纳门徒，扩大古文运动之声势。

然而很快，韩愈就遇到了强烈的舆论阻力。

原来，自六朝到唐时的高门子弟，因可以世袭官职，所以渐渐都不再尊师重道。久而久之，甚至形成了一种年轻人耻于求师、前辈也耻于为师的不良风气。

而韩愈出身寒微，进士考了四次才中，吏部筛选三次都没通过，给宰相写那么多自荐信也都石沉大海，这样一个普普通通的四门博士，竟敢学孔圣人为人师表、招纳后生？！

简直"岂有此理"。

韩愈"狂妄"的举动，很快在京师引起极大震动，一些人先是惊讶不解，继则群聚而骂。同为古文爱好者的柳宗元，曾在一篇文章中记述老韩当时被群起而攻之的"盛况"：

今之世，不闻有师，有辄哗笑之，以为狂人。独韩愈奋不顾流俗，犯笑侮，收召后学，作《师说》，因抗颜而为师。世果群怪聚骂，指目牵引，而增与为言辞。——《答韦中立论师道书》

处境可以说是很恶劣了，可我们老韩是谁啊！——老子什么苦没吃过，这点小风小浪算什么！

不仅坚持古文运动的决心毫不动摇，老韩还大笔一挥，又谱写出一篇气势充沛、鞭辟入里的千古名作《师说》，无惧流俗讥笑，大胆公开自己的观点。

在这篇雄文中，韩愈一上来就开宗明义，立论鲜明，强调从师的重要性：

古之学者必有师。

紧接着解释了教师的职责所在，以及人为什么要求师：

师者，所以传道受业解惑也。人非生而知之者，孰能无惑？惑而不从师，其为惑也，终不解矣。

啧啧，古往今来，对教师职责的描述多了去了，但有谁能做到像老韩一样凝练精准：传道、授业、解惑。

区区六字便囊括殆尽。——一代文宗果然不是白叫的，放眼整个中唐文坛，笔力至此，就问你谁与争锋！

以极具洞察力的论点先声夺人后，接下来老韩分三层从不同侧面批判了当时社会耻于从师的不良风气，层层顶接，逻辑严密。有力地批判了世人不懂尊师重道的愚蠢，论证了自己观点的无比正确性。

以上部分暂不引述原文，咱们重点看一下其中闪烁着老韩无限智慧光芒和超前理念的教育观、师生观：

· 生乎吾前，其闻道也固先乎吾，吾从而师之；生乎吾后，其闻道也亦先乎吾，吾从而师之。

· 是故无贵无贱，无长无少，道之所存，师之所存也。

· 故弟子不必不如师，师不必贤于弟子。闻道有先后，术业有专攻，如是而已。

老韩说："一个人能不能做老师，跟年纪大小和地位高低没关系，只要他有本领，有见识，就可以为人师。而老师和学生的关系也是相对的，学生也可能某方面胜过老师：你教我画画，我教你下棋，大家教学相长，各展所长嘛。"

看看人家老韩这觉悟，以上见解不要说在当年极其大胆前卫，就算放在今天，像"弟子不必不如师，师不必贤于弟子"这种话，也可以说是相当先锋了！

（老韩：呵呵，哥在唐代，是诗歌界里散文写得最好的；散文界里思想最深邃的；思想界里哥又是最懂教育的。就问你们服不服！）

（九）

明朝第一牛人王阳明有句名言叫作：知行合一。

既然老韩搞古文运动是为了复兴儒学，那除了文章功夫，行动上自然也要以身作则，身先士卒。

大家都知道，儒家的理念是"修身、齐家、治国、平天下"，通俗来说也就是要积极用世，努力为国家和人民做贡献。当然，关键时刻抛头颅、洒热血也是必要的。

咱们来看看老韩具体是怎么实践的。

任职四门博士两年后，韩愈被晋升为监察御史，与刘禹锡、柳宗元成为部门同僚。

（不得不感慨：大唐真是文曲星遍地啊，一间办公室里就坐了三个名垂千古的大文豪！实在令人目瞪口呆……）

此时老韩已三十六岁，深感时不我待，于是一上任就搞出了大动静，上表弹劾权势熏天、皇亲国戚的京兆尹（首都市长）李实！

事情是这样的：

李实，乃李渊十六子道王李元庆之四世孙。其人以宠臣自恃，刚愎自用，徇私枉法。贞元十九年（803年），关中大旱，灾民流离失所，连京城周围都出现了饥荒。李实却依然横征暴敛，还上报朝廷说，关中粮食丰收，百姓安居乐业。

亲睹灾民四处乞讨，甚至卖房卖儿以纳赋税的韩愈痛心不已：当官不为民做主，不如回家卖红薯！

于是其奋笔疾书，在朝廷上下人人敢怒不敢言的情况下，充分发挥个人英雄主义，向皇上递交了一份《御史台上论天旱人饥状》，将受灾情况如实反映，并力请减免灾区赋税。

结果，不仅没有引起皇帝重视，反被一纸谪令贬往广东连州。（第二次广东游了，小时候跟老哥去过一遭）

一腔赤诚却换来兜头一盆冷水，韩愈瞬时心如冰霜：

> 我心如冰剑如雪，不能刺谗夫，
>
> 使我心腐剑锋折。
>
> 决云中断开青天，
>
> 噫！剑与我俱变化归黄泉。
>
> ——《利剑》

再次被现实狠狠锤击的韩愈，对复兴儒学的荆棘之路，还有勇气继续走下去吗？

必须的。我们老韩是谁？

时刻以"大唐虐我千百遍，我待大唐如初恋"的儒家思想武装自己的韩退之同学，非但没有在后续的仕途中战战兢兢、如履薄冰，反而在身居高位、官运畅达之际又干了一件逆龙颜、揭龙鳞的自杀式壮举！

（十）

让我们把时光推进到元和十四年（1819年）。

彼时韩愈五十二岁，早已从广东旅游归来，并因淮西平叛之功（这光辉的一页稍后再讲），升任刑部侍郎（相当于现在的司法部部长，正四品）。

而当时的宪宗皇帝因为实现了"元和中兴"的小目标，心态空前膨胀。于是为了挑战自我，他一咬牙，一跺脚，确立了一个无数帝王都追求过，成功率却始终为零的终极目标：

朕要长生不老，千秋万代！

为了促进理想早日达成，宪宗计划将法门寺的释迦牟尼佛骨迎至宫中供奉，以求佛祖显灵，奇迹降临。

那么大家要问了："佛教在唐代本就极为盛行，这次活动又是皇帝带头发起，阵仗一定很大吧？"

呵呵，那怎么能说是很大呢，那是相当大啊！那真是锣鼓喧天，鞭炮齐鸣，红旗招展，人山人海……上至王公贵族，下至黎民百姓，人人趋之若鹜，争相顶礼膜拜！

有人为了给佛寺施舍钱财，不惜倾家荡产；更有信徒为表达对佛祖之虔诚，将蜡烛放在头顶和手臂点燃，烧伤也在所不惜……

实在是——太太太狂热了！

可奇怪的是，在这股人人"我为佛狂"的巨大浪潮中，有一个人却不仅不为所动，反而目眦欲裂、怒不可遏：

好家伙！人人都去信佛供佛了，谁来建设我巍巍大唐！

个个都追求来世不管今生了，还怎么发展经济、增强国力，再现盛世风采？！

不能忍。

谁敢阻碍我韩愈复兴儒学、重振大唐，老子的炮口就对准谁：神挡杀神，佛挡灭佛！

于是，千古奇文《论佛骨表》就这样诞生了。

在这封上呈皇帝的奏章中，韩愈简直"胆大包天、自寻死路"到了极点，不信我们来看：

臣某言："伏以佛者，夷狄之一法耳，自后汉时流入中国，上古未尝有也。昔者黄帝在位百年，年百一十岁；少昊在位八十年，年百岁；颛顼在位七十九年，年九十八岁……帝舜及禹，年皆百岁。此时天下太平，百姓安乐寿考，然而中国未有佛也。"

文章一上来就历数佛教未入中国时，上古君主长命百岁的美好案例以及中华大地国泰民安的祥乐之状。接下来开始反向对比：

汉明帝时，始有佛法，明帝在位，才十八年耳。其后乱亡相继，运祚不长。宋、齐、梁、陈、元魏已下，事佛渐谨，年代尤促。

惟梁武帝在位四十八年，前后三度舍身施佛……其后竟为侯景所逼，饿死台城，国亦寻灭。事佛求福，乃更得祸。由此观之，佛不足事，亦可知矣。

到汉明帝时，佛法才入中国，而汉明帝在位才十八年！明帝之后，更是天下大乱。后面那些朝代，越是迷信佛法的，越是短命鬼！只有梁武帝那家伙在位时间还长点，其间更倾全国之力以侍佛祖。结果呢，还不一样是国破身亡，而且死得特别惨！

这说明什么呢？

说明越想通过讨好佛祖来求得福报，反而越会招致灾祸啊！由此可见，求神拜佛根本什么用都没有！老板，你赶紧醒醒吧！

接下来，还有好几段类似"佛不足事，事佛有害"的慨然之论，篇幅关系，不再引述。我们直接拉到结尾看一下：

乞以此骨付之有司，投诸水火，永绝根本，断天下之疑，绝后代之惑。使天下之人，知大圣人之所作为，出于寻常万万也。

岂不盛哉！岂不快哉！佛如有灵，能作祸祟，凡有殃咎，宜加臣身，上天鉴临，臣不怨悔……

意思是说，佛骨百无一用，还祸国殃民，我郑重请求将此秽物水煮火烧，永绝后患！如果真有所谓的佛祖，能作祟降祸，那就让一切报应都降到我韩愈一个人身上好了，老子绝不在怕的！

——你说这篇奏章，找不找死，要不要命！！！

皇帝奉迎佛骨是为了长生不老，老韩偏说越信佛的国君死得越早越惨！（事佛求福，乃更得祸）

皇帝追求长生不老，自然也是为了帝国基业长青，老韩偏说越是恭敬侍佛的朝代，越是光速灭国！（事佛渐谨，年代尤促）

皇帝把佛骨奉若神明、顶礼膜拜，老韩偏说佛骨是该水煮火烧的污秽之物！（投诸水火，永绝根本）

……

啧啧，这力度已经完全不是常规的打脸模式了，而是直接把皇帝摁在地上可劲摩擦啊！一边摩擦还一边吼：

"老板，你是不是傻，还指望一块破骨头就能保你长生不老？脑子不是一般的进水！"

——厉害了老韩，你这不是吃了熊心豹子胆，这是吃了原子弹啊！

都说唐朝诗人言论大胆，比如经常暗戳戳地讽刺一下皇帝啦，或者组团八卦人家祖宗的狗血爱情啦（大家不用猜了，说的就是唐玄宗和杨贵妃），但还真没人敢越界犯上到老韩这个程度！有唐一代三百年，可能也就骆宾王骂武则天的那篇《代徐敬业讨武曌檄》可堪一比，不过人家老骆那是明晃晃地公开造反，性质压根就不一样呀……

古语曰"一人立志，万夫莫敌"，说的老韩没错了。

不过话说回来，这篇奏章写得确实太犀利、太不留情面了，但凡是个要点脸、有点自尊心的人，看完都得翻脸没商量，何况是高高在上的皇帝！

所以我们完全可以想象，唐宪宗当时得气哆嗦到什么程度，好你个韩大炮！咒我早死，还祝我灭国，不砍了你，我这个皇帝还做什么呀！！

唐宪宗可不是说着玩玩，如果不是宰相裴度等一干大臣硬拦着，韩愈是绝对死翘翘了。

宪宗未能杀其泄愤，这口气怎么咽得下去？于是奋起一脚，把老韩踢到了广东潮州。（是的，第三次广东深度游了）

那首大气磅礴、可直追老杜的著名七律《左迁至蓝关示侄孙湘》，就是韩愈在被贬的路上立马蓝关，大雪寒天中写给前来送行的侄孙的：

一封朝奏九重天，夕贬潮州路八千。

欲为圣明除弊事，肯将衰朽惜残年！

云横秦岭家何在？雪拥蓝关马不前。

知汝远来应有意，好收吾骨瘴江边。

前两联交代自己因言获罪，贬官千里；第三联即景抒情，而景阔情悲，蕴涵深广，遂成千古佳句；尾联则表骨肉之情，悲痛凄楚，溢于言表。

全诗熔叙事、写景、抒情为一炉，笔势纵横，境界雄阔。是老韩七律中的绝佳上品。

诚如后人俞陛云所评："昌黎文章气节，震铄有唐，即以此诗论，义烈之气，掷地有声，唐贤集中所绝无仅有。"（《诗境浅说》）

（十一）

所谓"文死谏，武死战"。

毕生以复兴儒学、重振大唐为己任的韩愈，付出的努力远不止以上。

看似一介文人的他，还曾在平定藩镇叛军方面，立下赫赫战功！

元和九年（1814年），淮西节度使吴元济反叛。

次年，宰相裴度以相位出征讨伐，韩愈任行军司马，相当于最高统帅部参谋长，可以说是很拉风了。那么天天以笔为枪、各种打文字仗的老韩，到了真正的战场上，还能一展从前的锐利风采吗？

最终结果是：这次出征平叛，表现最劲的，乃是裴度帐下的一员武将，名为李愬。他雪夜奇袭，攻敌不备，一举生擒吴元济，淮西之乱就此平定！

但是，重点来了。

在李愬向宰相报备此作战计划前，我们老韩也曾向裴度提出请求，希望能亲率精兵奇袭蔡州！

看出来了没，人家老韩也完全洞察到了这个出奇制胜的机遇，只可惜他过往无带兵经验，故裴度权衡之下，最终将此任务交给了后来提出相同战术的武将李愬。

虽未能亲自带兵擒贼，但由此侧面，老韩的勇气与韬略，已可见一斑。

如果你觉得以上还不足够有说服力，那我们接着再来看看老韩人生的最后一次壮举：奉诏宣抚镇州。

那绝对是实打实的独闯虎穴！

事情是这样的，淮西之战五年后，又有藩镇发生兵变。而当时朝廷力有不逮，讨伐并无胜算。便委派已从潮州下放归来、正任兵部侍郎的韩愈前去安抚，类似所谓的"招安"。

当时局势异常复杂，兵变成功的藩镇将领气焰嚣张到了极点，老韩此行的危险系数相当高。在其出发后，白居易的好哥们元稹曾在皇帝跟前说：

"哎呀呀，派韩愈去好可惜哦！"

意思是老韩此行恰如羊入虎口，大概率有去无回。唐穆宗听了也有些后悔，于是派人追上韩愈，交代说："在边境转悠一圈，意思一下得了，不用真的进去，太危险啦！"

结果老韩霸气回曰：

"止，君之仁；死，臣之义，安有受君命而滞留自顾？"

意思是说，老板不让我进叛军营地，那是老板仗义，但为人臣子，受了君命，就该全力以赴，豁出性命也在所不惜，又岂可只顾个人安危？

于是，噌噌噌，策马而入。凭着自己的滔滔辩才与强大气场，最终老韩居然兵不血刃，圆满完成任务！既照顾了朝廷的面子，又使万千民众免于战火涂炭。

可记一大功矣！

（十二）

当然，除了在政治舞台一往无前、为人生理想各种火力全开，文学创作上，人家老韩也是遍地开花，妥妥的宗师级人物。

有道是"韩柳文章李杜诗"。

散文方面，除了前文提到的《马说》《师说》，其笔下还有序文、碑志、祭文、状、表、杂文等各类体裁，且均有佳作。

至于其散文水平到底达到了何等高度，我们来看看唐宋八大家中几个后世同组合成员的评价，即可了然于胸。

苏洵有评：

韩子之文，如长江大河，浑浩流转，鱼鼋蛟龙，万怪遑惑，而抑绝蔽掩，不使自露，而人望见其渊然之光，苍然之色，亦自畏避，不敢迫视。

曾巩《杂诗》曰：

韩公缀文辞，笔力天乃授。并驱六经中，独立千载后。

最后，我们再来看看某个重量级真爱粉是怎么说的：

欧阳文忠公尝谓晋无文章，惟陶渊明《归去来》一篇而已。余亦以谓唐无文章，惟韩退之《送李愿归盘谷》一篇而已。平生愿效此作一篇，每执笔辄罢，因自笑曰：不若且放，教退之独步。——苏轼《跋退之送李愿序》

把五千年第一全才苏东坡都吓到不敢动笔一较高下，老韩的散文到底有多牛，大家完全可以自行想象了。

散文牛到"文起八代之衰"，诗歌自然也不落人后。比如以下两首清新可人的小诗，平淡雅丽，不输盛唐风致：

春雪

新年都未有芳华，二月初惊见草芽。
白雪却嫌春色晚，故穿庭树作飞花。

这首绝句构思新颖，联想奇妙，明明是诗人在翘首盼春，却以"却嫌""故穿"两句将白雪拟人化，亦庄亦谐，极富浪漫主义色彩。

另一首则以细腻笔触，描绘出一幅生机勃勃的早春丽景图：

早春呈水部张十八员外二首·其一

天街小雨润如酥，草色遥看近却无。
最是一年春好处，绝胜烟柳满皇都。

全诗明白如话，平淡却不简单，一句"草色遥看近却无"堪称绝妙，对早春时节的特点观察之细致，描摹之精准，实令人拍案叫绝。

此诗写于镇州宣抚之后，此时韩愈正站在个人仕途顶峰，文学方面早已堪称一代文宗，复兴儒学之大业亦卓有建树。故虽年近花甲，却不因岁月如流而悲伤，而是兴致盎然地感受春之欣悦。

次年，五十七岁的韩愈在长安辞世，最高官至吏部侍郎，光辉一生落下帷幕。

（十三）

例行的最后评价。

坦诚讲，从前我并不太喜欢韩愈，总觉得他一副正襟危坐的道统先生面孔，古板又说教，无趣得很。还有他开拓的"以文为诗"和"奇崛险怪"的诗风，我也不是很喜欢。感觉都是想找新路子，但明显李贺更成功。

而如今经过此番创作的深入磨合，我发现老韩已完全成为我的新晋人生偶像！其身上那份永不言弃、一往直前的巨大与命能量，实在太打动人了！

比如出身孤寒，却不坠青云之志，一生屡遭磨难，亦始终以愈挫愈勇、敢为人先的超凡胆气劈波斩浪，锐意进取，最后终成大器——不仅成为中唐文坛上继往开来、独树高峰的伟大文学家，更是从司马迁到鲁迅两千年散文史上的第一人！也是有唐一代诗人中，绝无仅有的将文学家、政治家、思想家、教育家四种身份集于一身，且每一项都达到了相当高度的全能式人物。

其倡导的古文运动，扭六朝之纤靡，开百代之新风，波澜壮阔，意义深远。诚如范文澜先生在《中国通史简编》中所述：

"古文直接产生小说传奇，即短篇小说，而后产生俗讲变文。短篇小说与俗讲变文开出宋以后文学的新境界，诸如诸宫调、宝卷、弹词、说话、戏曲、演义（章回小说）等等，追溯远源，无不与唐古文密切关系。"

除却文学层面的巨大贡献，论人格魅力，韩愈亦足堪辉映千古：

其一生礼贤下士，提携人才，大力兴办教育；弹劾权贵、反对君主佞佛不惜以身家性命相搏；更曾临危受命，孤身入虎穴……始终擎举着道义的大旗，为自己、为百姓、为国家而战，一路高歌，无所畏惧！

试问，如此德才兼备者，千古又有几人？！

沧海横流，方显英雄本色；青山矗立，不堕凌云之志。

最后谨借其粉丝苏轼之语，致敬其忠勇双全、刚毅荣耀的一生：

· 匹夫而为百世师，一言而为天下法。

· 自东汉以来，道丧文弊，异端并起，历唐贞观、开元之盛，辅以房、杜、姚、宋而不能救。独韩文公起布衣，谈笑而麾之，天下靡然从公，复归于正……

· 文起八代之衰，而道济天下之溺；忠犯人主之怒，而勇夺三军之帅！

白居易

大唐诗坛第一有福人

（一）

大唐元和年间，盩厔县（今陕西周至）。

时值深秋，露重霜浓。

县衙旁的一幢民居内，一个三十多岁的男子正在挑灯夜读，昏黄摇曳的烛光，将他的影子拉得很长很长。

良久，他终于合上书卷，封面上的几个大字赫然入目：《李杜诗集》。

凉夜已深，男子竟毫无就寝之意，而是双眼闪烁着热切的光芒，铺纸研墨，提笔挥毫——看来是阅读激发了强烈的创作欲。

一诗题毕，其神情却忽然转为落寞，起身踱至窗前，望着夜空中的一轮残月，重重叹了口气：

"哎，好诗都被盛唐那帮家伙们写尽了，生不逢时，哥还是洗洗睡吧……"

此时一阵夜风透窗而过，书案上的诗稿微微扬起，上面的字句墨痕未干：

读李杜诗集，因题卷后

翰林江左日，员外剑南时。

不得高官职，仍逢苦乱离。

暮年逋客恨，浮世谪仙悲。

吟咏流千古，声名动四夷。

文场供秀句，乐府待新词。

天意君须会，人间要好诗。

落款处，是一个在后世看来十分醒目的名字：白居易。

（二）

白居易同学是个有追求的人，每一次翻阅《李杜诗集》，他的心中都有同一个声音在回响：我什么时候可以写出超越李杜的诗？

毕竟，中唐时期顶尖的诗人都已作古，但民众的诗歌鉴赏水平已经很高——群众在等待，好诗不能停！

可浪漫主义早被李白写尽，现实主义杜甫也已封神，山水田园有孟浩然、王维坐镇，边塞题材有高适、岑参、王昌龄、王之涣四大天王……一众盛唐大咖们虽然都已故去了有些年头，却留下了一座座难以逾越的诗坛高峰。

留给后人的，除了望洋兴叹，就是高山仰止。

此时此刻，还有人能写出大放异彩、比肩李杜的诗篇吗？

难，实在是太难了！

除非有奇迹发生。

（三）

秉烛夜读的第二天，白居易照常去上班，此时他三十五岁，任职盩厔县尉。

这一日，他人在县衙，心在诗海，还在冥思苦想到底什么样的诗歌体裁和创作主题能够一鸣惊人。

正焦头烂额间，好友陈鸿发来消息："老白，明天仙游寺门票半价，去不去耍？"

白居易回了一个字："好。"

在家憋不出来，出去走走也好，说不定还能激发点创作灵感——奇迹就此有了诞生的可能性。

第二日，天高云淡，秋风飒爽，是个游玩的好日子。

好朋友在一起，除了游山玩水，当然就是畅谈古今了。聊着聊着，话题就转到了五十年前的安史之乱，以及唐玄宗杨贵妃的爱情八卦。

这并非偶然，因为盩厔县离贵妃喋血的马嵬坡只有五十里，当地流传着许许多多李杨爱情故事的神奇传说。

唏嘘感慨间，有个叫王质夫的小伙伴，突然用发现新大陆一般的眼神死死地盯着白居易，白居易不明就里："哥们，你瞅啥？"

王质夫很激动："哎呀呀，这是个多好的爆文题材啊，老白你诗技超群，又是个滥情种子……啊，不对，是痴情种子，滥情的是你哥们元稹，李杨的爱情故事很适合你啊！写写吧！"

闻听此语，一瞬间，白居易犹如电击："对啊，李白写实现自我的浪漫诗篇，杜甫写忧国忧民的现实力作，那我就写荡气回肠的爱情颂歌！"

（四）

千古名作《长恨歌》，就此诞生了。

它婉转曲折，缠绵悱恻，传达了一个动人的爱情故事。

里面有对唐玄宗荒淫好色、疏于治国的含蓄批判：

> 云鬓花颜金步摇，芙蓉帐暖度春宵。
>
> 春宵苦短日高起，从此君王不早朝。
>
> 承欢侍宴无闲暇，春从春游夜专夜。
>
> 后宫佳丽三千人，三千宠爱在一身。

也有对杨贵妃天生丽质的经典刻画：

> 回眸一笑百媚生，六宫粉黛无颜色。
>
> 春寒赐浴华清池，温泉水滑洗凝脂。

通篇没有一句正面的肖像特写，却让读者把想象发挥到了极致，你能想象贵妃有多美，那她就能有多美……

高，实在是高！

而占篇幅最多的，自然是李杨那刻骨铭心、超越生死的惊世爱恋：

> 蜀江水碧蜀山青，圣主朝朝暮暮情。
> 行宫见月伤心色，夜雨闻铃肠断声。
> ……
> 夕殿萤飞思悄然，孤灯挑尽未成眠。
> 迟迟钟鼓初长夜，耿耿星河欲曙天。

世间万般情，唯有相思苦……

而已飞升为上界仙女的杨贵妃，对昭阳殿中的恩爱之情，亦未曾有一日或忘：

> 含情凝睇谢君王，一别音容两渺茫。
> 昭阳殿里恩爱绝，蓬莱宫中日月长。
> 回头下望人寰处，不见长安见尘雾。
> 惟将旧物表深情，钿合金钗寄将去。
> 钗留一股合一扇，钗擘黄金合分钿。
> 但教心似金钿坚，天上人间会相见。
> 临别殷勤重寄词，词中有誓两心知。
> 七月七日长生殿，夜半无人私语时。

与其得道成仙，我更愿与你生生世世、长相厮守。

纵有千错万错，而真情又何错之有？世间又有谁不渴望忠贞不渝的爱情？！

神作的最后，白同学更是借李杨的遭遇，道出了普天之下所有痴男怨女的共同心声：

在天愿作比翼鸟，在地愿为连理枝。

天长地久有时尽，此恨绵绵无绝期。

这是一首注定要火的诗。神仙也拦不住。

因为伟大的柏拉图同志早就说过："谁会讲故事，谁就拥有世界。"

果不其然，此诗甫一问世，便广为流传，以迅雷不及掩耳之势火遍大江南北，"天才！""神作！"之声不绝于耳，刷屏程度更是连当年的惊世之作《滕王阁序》也望尘莫及。

大唐诗歌界也极其罕见地达成了一致共识——李白杜甫可以安息了，唐诗江湖，后继有人！

面对铺天盖地的赞美声，白居易却保持了充分的淡定：这，只是一个小目标，离哥的终极理想还远着呢……

（四）

说起白居易的终极理想，就不得不介绍下他的成长经历。

772年，白居易生于河南新郑。

不得不说，文曲星们真的太偏爱唐朝了，一个个前赴后继、扎堆下凡，动不动还来个双黄蛋——比如李白和王维是同年投胎，白居易和刘禹锡也是手拉手一起来到人间。

不过，选择此时此地出生，只能说白居易的运气并不怎么好。

当时的唐朝，藩镇割据称雄，打仗如同家常便饭——今天你打我，明天我打你，后天大家联手打政府。

而白居易的河南老家正是战火纷飞的重灾区，以至于白同学虽出生于基层公务员家庭，却从小过着动荡不安、颠沛流离的困苦生活。

望月有感

时难年荒世业空，弟兄羁旅各西东。
田园寥落干戈后，骨肉流离道路中。
吊影分为千里雁，辞根散作九秋蓬。
共看明月应垂泪，一夜乡心五处同。

上面这首著名的七言律诗，即是白居易早年饱经离乱之苦的真实写照：手足分散，天各一方，五地望月，共生乡愁。

在如此环境下成长起来的白居易，目睹了战争的残酷，聆听过无数灾民的哀号，也在兵荒马乱中饱尝家贫多故、飘零无助的苦痛，由此他默默立下了一生的志向：

我要成为一名伟大的"人民诗人"——"惟歌生民病，愿得天子知"！

（六）

理想是远大的，道路是艰辛的。

想要改变自身命运、站在更高平台上为劳苦大众发声，在古代有且只有一个办法：好好学习，考取功名。

好在白居易从小就极具天才特质。

据他自己回忆说，他出生才六七个月，连话都不会说的时候，就能认识"之"和"无"这两个字，且不管别人怎么考，他总能准确地指认出来，屡试不爽。

而更为难得的是，白居易不仅天赋异禀，后天的勤奋程度，也是常人所不能及：

> 昼课赋，夜课书，间又课诗，不遑寝息矣。以至于口舌成疮，手肘成胝。既壮而肤革不丰盈，未老而齿发早衰白；瞀（mào）瞀然如飞蝇垂珠在眸子中者，动以万数，盖以苦学力文之所致。
>
> ——《与元九书》

意思就是说他白天作赋，晚上练字，中间还抽空写诗，根本顾不上休息，长此以往则口舌生疮，手肘起茧，最后更是未老先衰，头白齿松，而且视力严重受损，眼前常常像有无数的苍蝇在飞舞。

白居易用生命在学习的行为，充分证明了一句话：所谓天才，不过是 1% 的天赋加上 99% 的汗水。

当然，作为学霸中的战斗机，白居易获得的回报也是丰厚的，比如十六岁就写出了家喻户晓的《赋得古原草送别》：

离离原上草，一岁一枯荣。

野火烧不尽，春风吹又生。

远芳侵古道，晴翠接荒城。

又送王孙去，萋萋满别情。

其中"野火烧不尽，春风吹又生"一联堪称千古警句，而从题目中的"赋得"二字来看，这是一首应试之作——一首随机的命题作文，小小年纪却能如此兼具文采与深度，你说白居易是不是个天才？

接下来的日子，他也从未曾松懈，而是一路披荆斩棘，高歌猛进。

二十九岁高中进士，还是当中最风华正茂的一个——"慈恩塔下题名处，十七人中最少年！"

三十五岁谱就传世名篇《长恨歌》，登上了人生第一个小高峰。

乘着《长恨歌》的东风，才名暴增的同时，白居易同学也迎来了政治生涯的黄金期。

（七）

807 年，白居易调任京城，第二年，正式任职左拾遗。

左拾遗是谏官，专门负责给皇帝提意见，可以说是相当适合当时的热血中年白居易了！所以一上岗，他就体现出了高度的职业责任感：

有阙必规，有违必谏，朝廷得失无不察，天下利病无不言！

后面的事实证明,白居易不仅口号喊得响,贯彻力更是超一流。

当时的中唐政坛,最大的毒瘤莫过于藩镇割据和宦官专权。所以白居易一上岗,就对这些祸乱朝纲的权豪重臣们进行了指名道姓、毫不留情地尖锐抨击,而且动不动就是连环扫射,战斗力相当凶猛。

与此同时,白居易也敏锐地觉察到,眼下正是实现自己"为民代言"之诗歌理想的绝佳时机。于是日吟夜唱、将继承杜甫现实主义诗风的新乐府运动推向了最高潮。

从此,上书抨击加诗歌揭露,双管齐下,效果倍增。

这期间,其传唱最广的作品,莫过于讽刺"宫市"政策抢掠百姓的《卖炭翁》:

卖炭翁,伐薪烧炭南山中。

满面尘灰烟火色,两鬓苍苍十指黑。

卖炭得钱何所营?身上衣裳口中食。

可怜身上衣正单,心忧炭贱愿天寒。

夜来城外一尺雪,晓驾炭车辗冰辙。

牛困人饥日已高,市南门外泥中歇。

翩翩两骑来是谁?黄衣使者白衫儿。

手把文书口称敕,回车叱牛牵向北。

一车炭,千余斤,宫使驱将惜不得。

半匹红绡一丈绫,系向牛头充炭直!

全诗可谓浅显易懂,字字泣血。

而这样的诗篇白居易不是写了一首两首，而是一下子就向权豪们砸了几十首，里面有讽刺战争残酷、人民为避免埋骨他乡不惜自残身躯的《新丰折臂翁》：

是时翁年二十四，兵部牒中有名字。
夜深不敢使人知，偷将大石捶折臂。

有揭露宦官骄奢淫逸、大肆铺张，而民间却正在发生"人食人"惨剧的《轻肥》：

食饱心自若，酒酣气益振。
是岁江南旱，衢州人食人！

还有借田舍翁之口道出阶级对立、贫富不均的《买花》：

一丛深色花，十户中人赋！

而最令人钦佩的是，他在《杜陵叟》一篇中，居然连皇帝也没放过：

十家租税九家毕，虚受吾君蠲免恩。

意思就是说，皇帝下诏免收灾区赋税的时候，十家有九家已经交完了，白白让假仁假义的皇帝占了个好名声！

啧啧，如此勇气，简直能和前面炮轰宪宗佞佛的韩愈搞个"中唐胆大包天二人组"了。

　　六十篇火药味十足的讽喻诗砸下来，取得的效果是相当显著的：

　　令权豪贵近者变色，扼腕，切齿！

　　连皇帝大人也气得吹胡子瞪眼："白居易小子，是朕拔擢致名位，而无礼于朕，朕实难奈。"

　　按照我个人有限的讲故事经验来看，矛盾激化到这种程度，如果还没有小人出来给男主挖陷阱、使绊子，那是不正常的。

　　所以友情提醒白居易同学：前方有坑，请绕行！

（八）

　　814 年，白居易官升太子左赞善大夫，官级正五品（左拾遗是正八品）。

　　连升数级，他却相当不开心，因为这是一个无事可做的东宫闲职。皇帝和权臣的意图很明显，给你升官，钱多事少离家近，这下总能堵住你的嘴了吧？！

　　天真，太天真！

　　像这种明升暗降的把戏，也就能糊弄一部分好吃懒做的人，对于有理想有追求的白同学来说，简直就是一种侮辱！

　　不过没关系，真心想做事情的人，什么位置也阻挡不了他们发光发热。

　　很快，机会来了。

次年夏天，主张武力平藩的铁血宰相武元衡，在早朝路上遇刺身亡、横尸街头（系地方藩镇所为）。

堂堂一朝宰相竟然当街被杀，连头颅都被割去，消息传来，朝野震惊，百官惶恐。

此时此刻，只有一个人迅速将愤怒转为行动，不顾个人安危第一个站出来上书言事，极力要求朝廷"急请捕贼，以雪国耻"。

没错，此人正是东宫闲官白居易。

按照正常逻辑，白居易如此公忠体国、奋不顾身，大大的该赏对不对？然而事实却是，赞赏是没有的，贬官是必须的。

因为权豪们已经深刻意识到：升官也好，闲职也罢，都是堵不住白同学的枪口的，今天敢越职上书捉拿刺客，明天就敢调转枪口继续扫射我们，必须要搞走他，不能再等了！

欲加之罪，何患无辞。

很快，政敌们就造谣说白居易老妈是看花坠井而亡，而白居易居然在母丧期间写过赏花诗和新井诗，如此不遵孝道，简直大逆不道！

这一招可说是无耻至极，因为在万恶的旧社会，不孝的罪名是相当严重的，不孝就可能不忠，白居易就此被贬为江州司马。

忠而见谤，无辜获咎，老白悲愤莫名：

· 宦途自此心长别，世事从今口不言。

· 面上减除忧喜色，胸中消尽是非心。

简而言之就是：世道太黑暗了，哥以后啥也不管了！

虽然老白很生气，但我们还是要替他谢谢那帮小人们，没有你们的龌龊，也就没有另一篇千古绝唱的问世，感谢你们啊！

（九）

被贬江州是白居易政治生涯中最大的挫折。

但好在江州属上州，风土人情不恶，司马一职虽是唐代一贯安置被贬官员的闲职，品级倒不算低（五品），养家糊口不成问题。跟同时代被贬到穷山恶水的刘禹锡、柳宗元等相比，尚属幸运。

既是闲职，与其百无聊赖，便不如吟诗作赋。比如以下这首立意新颖、饶有情趣的《大林寺桃花》，即出于此时期：

人间四月芳菲尽，山寺桃花始盛开。

长恨春归无觅处，不知转入此中来。

果然，脚步慢一点，才能发现更多美。

转眼到了第二年，某个深秋之夜，白居易到浔阳江头送客，瑟瑟秋风中，枫叶荻花窸窣作响。

别离，总是伤感的。

黯然惆怅间，忽闻水上飘来一阵美妙的琵琶声，竟是熟悉的京都乐曲，酷喜音律的白居易抑制不住内心的激动，循声而去……

这是一个可以载入文学史册的夜晚——一次偶然的邂逅，一曲深情的演奏，两个沦落天涯的失意人，激发出一首号称"千古第一音乐诗"的不朽绝唱《琵琶行》！

从来没有人可以将抽象缥缈的音乐，描绘得如此出神入化：

> 轻拢慢捻抹复挑，初为霓裳后六幺。
> 大弦嘈嘈如急雨，小弦切切如私语。
> 嘈嘈切切错杂弹，大珠小珠落玉盘。
> 间关莺语花底滑，幽咽泉流冰下难。
> 冰泉冷涩弦凝绝，凝绝不通声暂歇。
> 别有幽愁暗恨生，此时无声胜有声。
> 银瓶乍破水浆迸，铁骑突出刀枪鸣。

此段以视觉写听觉，化无形为有形，完美再现了乐声的抑扬顿挫、高低浓淡，纵有千年之隔，却让每一个读者都如同身临其境、亲闻其声。

只此一段，《琵琶行》就已堪称封神之作，更何况文中还有那么动人心弦的一句话：

> 同是天涯沦落人，相逢何必曾相识。

原来，除了登峰造极的诗艺，白居易还有一颗闪闪发光的同情心。

是的，当我们身处困境时，陌生人的善意和同情，是我们生命中最温暖的一束光。感谢白居易，给这份共鸣和情感一个如此美丽的定义。

有人说"真正的高贵不是超越他人，而是优于过去的自己"。

白居易做到了。

《琵琶行》在技术难度上全面超越《长恨歌》，从此老白双璧在手，天下我有！放眼整个古诗词圈，比这两首文采好的没这两首长，比这两首长的没这两首文采好。

名垂青史，顿成定局！

写到这儿，对陷害白居易的小人们，也是十二分之同情，害人害成这样，失败，太失败了！

老白同学悠哉三年，兼得如此神作，简直不要太赚。

（十）

曾国藩有个著名的人生三境论：少年经不得顺境，中年经不得闲境，晚年经不得逆境。

老白完美地避开了这些坑。他的人生节奏是：少年艰难，中年有为，晚年顺遂。

三年的贬谪生涯结束后，有感于政治黑暗，朋党倾轧，白居易主动要求外放为地方官：与其在朝堂之上钩心斗角，不如到地方上做点实事。

此后他一路开挂，扶摇直上。其中最令人称羡的，莫过于他曾连任苏杭两地刺史，在古代诗人中是独一份。

上有天堂，下有苏杭。

提起杭州西湖，大家最先想到的句子，往往是苏东坡的"欲把西湖比西子，淡妆浓抹总相宜"，但其实歌咏西湖的先河，始自人家白居易：

> 孤山寺北贾亭西，水面初平云脚低。
> 几处早莺争暖树，谁家新燕啄春泥。
> 乱花渐欲迷人眼，浅草才能没马蹄。
> 最爱湖东行不足，绿杨阴里白沙堤。

这首《钱塘湖春行》将春日西湖描绘得生机盎然、恰到好处，是老白写景诗篇中的上乘之作。

不过，我更喜欢的，还是他晚年回忆苏杭两地风光时，写下的《忆江南》：

> 江南好，风景旧曾谙。
> 日出江花红胜火，
> 春来江水绿如蓝。
> 能不忆江南？

多少人是因了这首明媚如画的小词，而对江南魂牵梦萦、心驰神往？

而最能反映老白晚年生活怡然的诗作，则莫过于这首言浅情深的《问刘十九》：

绿蚁新醅酒，红泥小火炉。

晚来天欲雪，能饮一杯无？

全诗信手拈来，毫无雕琢，却传递出无比温馨的生活气息。如同冬夜里我们煮个火锅，温点小酒，呼朋引伴，大快朵颐，岂非天下第一快活人！

（杜甫晚年是"亲朋无一字，老病有孤舟"，李白是流放夜郎"平生不下泪，于此泣无穷"，真是人比人，死都不解恨啊！）

（十一）

看到这儿，我猜很多读者可能有些恍惚了，文章憎命达啊，怎么偏偏老白诗写得这么绝，命还这么好？

对此，我只能说，有时候老天眷顾起一个人来，那也是相当慷慨的。

白居易不仅仕途显达顺遂，更是唐代诗人中，生前名气最大的一个。如果唐代有流行诗词排行榜，老白绝对名列榜首，就连盛唐红得发紫的李白王维也得靠后站。

至于老白的诗当年到底有多红，我们来看看他的好哥们元稹是怎么说的：

二十年间，禁省、观寺、邮候、墙壁之上无不书，王公、妾妇、牛童、马走之口无不道。至于缮写、模勒，炫卖于市井，或持之以交酒茗者，处处皆是。

啧啧，粉丝群体上至王公贵卿，下到贩夫走卒，简直三百六十度全阶层覆盖。

还有个别粉丝疯狂到把自己全身刺满白居易的诗，上街逢人就安利，简直就是一块行走的白居易诗板。连歌妓也仗着懂白居易的诗歌自抬身价："吾诵得白学士《长恨歌》，岂同他妓哉？"

可见老白为提高全民的诗歌素养做出了何等卓越的贡献，简直就是"出彩大唐人"！

不仅在国内享有大名，老白的诗文还风行海外（生前哦），在日本、新罗等东亚邻国火得一塌糊涂，属于名副其实的国际文化名人，在当时完胜李白杜甫。

例如，日本平安时代有一部唐诗权威选本，叫作《千载佳句》，共收录 1083 首唐诗，但入选诗句在 10 首以上的诗人只有区区14 人。

怎么会这么少？！

因为大头都被白居易同学占了啊，他一个人就入选了 507 首。独霸半壁江山！

而"诗仙"李白呢，入选 2 首；"诗圣"杜甫，入选 6 首。

新罗国也是一样疯狂，传闻他们的宰相，曾以每首诗一百两银子的价格，收购白居易的诗篇。一百两银子折合今天人民币大概两万块。厉害了，我的白同学，提提笔动动墨，发家致富不是梦啊！

生前就火到这种程度的文人，唐代实在找不出第二个，也就北宋的苏东坡能拉出来比拼一下。

当然，这一切也不是没来由，人家老白一千多年前就懂得用户下沉策略，作诗追求"老妪能解"，正所谓"得群众者得天下"是也。

（十二）

846 年，白居易病逝洛阳，最终官至二品，享年七十五岁。

是唐代大诗人中，仅次于贺知章的高寿之人。

生前风光无限，身后也得偿所愿，由偶像李商隐亲做墓志铭，可谓以不朽之笔传不朽之人，两相辉映，相得益彰。

好玩的是，因为唐代看重门第，出身平凡的白居易便认了秦国大将白起做祖宗，对，就是那个把纸上谈兵的赵括指挥的四十万大军打到全军覆灭的一代名将。

结果李商隐是个耿直青年，写墓志铭时，提笔就是一句："公之先世，用谈说闻。"

意思就是：你的祖先世系根本没啥真凭实据，纯属胡编。

老白如果泉下有知，估计生生要被气活了：好你个臭小子，亏得老夫生前那么欣赏你，连下辈子要投胎做你儿子这种话都说出来了，结果我前脚刚走，后脚你就打我脸啊！

李商隐：没办法，交情归交情，事实归事实。

（是的，虽然小李是晚辈，但白居易是他的真爱粉。）

其实依我之见，白居易大可不必多此一举。所谓英雄不问出处，在历史的激流中，相比出身与门第，其盖世才华和不朽诗篇才是永远冲刷不掉的光环和荣耀。

不仅墓志铭有偶像执笔，作为"世间第一有福人"的白居易更有皇帝（唐宣宗）亲提悼念诗，世所罕见。

而这首诗也恰是对其多彩一生的绝佳概括：

吊白居易

缀玉联珠六十年，谁教冥路作诗仙。

浮云不系名居易，造化无为字乐天。

童子解吟长恨曲，胡儿能唱琵琶篇。

文章已满行人耳，一度思卿一怆然。

元稹

一个非典型「渣男」的爱情往事

（一）

你是"好色之徒"吗？

听到这个问题，我猜大部分人都会心中一凛，继而正襟危坐：

我不是，才没有，别瞎说……

相比大家的如临大敌，唐朝有个哥们就很实诚，直接大刺刺地说：

"登徒子非好色者，是有凶行。余真好色者，而适不我值。何以言之？大凡物之尤者，未尝不留连于心，是知其非忘情者也。"

意思是：

登徒子之流，算什么好色者？不过皮肉之欲而已。

像哥这种看到佳人尤物便会倾心以慕的痴男情种，那才是正儿八经的好色之人啊！

这话要出自普通人之口，群众肯定嘘声一片：

醒醒吧大兄弟，说得跟佳人尤物多爱搭理你一样……

但，由本篇的主人公讲出来，那就不一样了：

因为人家可是大名鼎鼎的唐传奇小说《莺莺传》作者、限制级"艳诗"首创者、情史八卦一箩筐的中唐才子——元稹同学。

看到这，想必大家已经个个点头如捣蒜：

哎呀，论好色，墙都不服，就服他！

（二）

来，让我们一起回到贞元十五年（799 年），见证一下元大帅哥是如何高段位地践行"余真好色者"这句自我宣言的。

那一年，我们的元稹同学刚刚二十一岁，青春葱茏，风华正茂，在河中府任职一个小小官吏。

官小事少，便终日四处游冶。

当时河中府辖区内的蒲州东郊，有一著名寺院，名曰"普救寺"，香火盛极。

因寺中方丈精熟诗文，元稹便隔三岔五来访，与方丈谈经论道。

方丈爱其才华，常常将其留宿寺中，后来更干脆专设客房，任其随意借住——是为"西厢"房。

当时的元稹何曾想到，在这佛门清净地，竟有一段闻名千古的爱情故事正待他粉墨登场、倾情演绎。

事情，是这样的。

当年冬天，有一崔氏孀妇携一双儿女自博陵归长安，途径蒲州，亦投宿于普救寺。

元稹与其同宿寺中，闲来攀谈家世，意外发现崔氏竟为自己远亲姨母，多年未见，以至相见不相识。

不几日，因当地驻军统帅去世，军队哗变，士兵们在蒲城作乱，大肆劫掠。

崔氏大为惊骇,其一介妇人兼稚子弱女,路途中又携着万贯家财,遭此动乱,何以自保?

关键时刻,我们元大帅哥的主角光环应验了。

元同学官职虽小,但潇洒爱耍,平日里常和各兄弟单位的同僚们一起喝酒撸串、打成一片。

故此兵乱发生后,他镇定自若,随手一个电话就让军中将领派了大队人马守护普救寺,解了姨母的后顾之忧。

一场动乱催生的风流奇缘,就这样揭开序幕。

(三)

军乱结束后,已是来年春时。

感于元稹护其一家周全,崔氏特地设宴答谢。并正式叫出自己的一对儿女拜见元稹,行兄长之礼,以示不忘活命大恩。

元稹就此见到了自己十七岁的远房表妹——崔莺莺。

只见其在母亲的千呼万唤下方才娉婷而出,一袭素服,不施粉黛,却"颜色艳异""光辉动人"。

一见之下,元稹立时惊为天人,目为之炫而神为之迷,魂为之销且魄为之夺:

这不正是自己一直以来所心心念念的"物之尤者"吗?!

此后,宴席上姨母说了些啥,元稹全无所闻,满心满眼装的都是表妹清丽绝俗的倩影:

莺莺诗

殷红浅碧旧衣裳，取次梳头暗淡妆。

夜合带烟笼晓日，牡丹经雨泣残阳。

依稀似笑还非笑，仿佛闻香不是香。

频动横波娇不语，等闲教见小儿郎。

其间他也曾鼓起勇气，试探搭话，结果妹子全程高冷，一言不答。

宴会之后，无由再见，元稹思之若狂，以至"行忘止，食忘饱"。神魂颠倒之下，拉来莺莺的婢女红娘大诉衷肠，请其代为传情达意。

没想到，红娘听了完全不买账：

"喜欢我们小姐就三媒六聘来提亲呀，找我有啥用？"

元稹一听，赶紧甩出苦情牌：

"好姐姐，三媒六聘少说也得三四个月，到时我早都相思致死、枯骨一具了，还娶个什么亲？您且给我烧香吧！"

这事儿要换个老成人儿在场，说不定会狠狠撑回去：

"好嘛，三四个月都等不了，您那是喜欢吗？你那是馋人家的身子，下流！"

然而年轻的红娘同学就单纯得很，被感动得一塌糊涂不说，还帮着出谋划策起来：

"我们小姐是矜持自重的正经姑娘，随意告白肯定没戏。"

"不过呢，她是个文艺女青年，最喜诗词歌赋，你要不投其所好，写诗撩撩看？"

元稹一听，大喜过望，满腔相思化为滔滔诗情，两首《春词》挥手即就：

春词

春来频到宋家东，垂袖开怀待好风。

莺藏柳暗无人语，惟有墙花满树红。

深院无人草树光，娇莺不语趁阴藏。

等闲弄水浮花片，流出门前赚阮郎。

啧啧，果然行家一出手，就知有没有——

两首诗里不仅都暗藏了"莺"字，最后一句更撩得明目张胆，借东汉阮肇入天台山被仙女招为夫婿的典故隔空喊话：

"妹子呀妹子，你何不像'水浮花片'那样顺流而出，和我这个有情郎双宿双飞呢？"

委托红娘递诗传情后，元稹忐忑地等待着表妹的回音。

没想到，事情进展出奇顺利，当晚，红娘就带来了莺莺的答复：

明月三五夜

待月西厢下，迎风户半开。

拂墙花影动，疑是玉人来。

元稹展信览毕，喜之不尽。

一则喜的是，表妹居然同意了。诗中分明暗示自己可于明日月圆之夜，翻过篱笆，与其花园幽会；二则喜的是，没想到妹子不仅长得俏，诗才还这么好，这是什么天仙人物哇！

此时，被爱冲昏头脑的元稹哪会想到，才貌俱佳的莺莺表妹要给他的"惊喜"可绝不止此。

（四）

第二天，元同学深觉度日如年，魂不守舍。

好不容易等到夜幕初降，圆月将升，他便迫不及待逾墙赴约，心里既紧张又兴奋。

然而万万没想到，等待他的却不是脑海中预想了无数遍的才子佳人、花前月下，你侬我侬、互诉衷肠……

取而代之的，是——一堂严肃认真的思想品德课！

姗姗而来的表妹非但没有投怀送抱，反而面色冷峻地告诫他不应仗着有救人之恩就心生邪念……更义正词严地斥其轻薄如此，与肆意劫掠的乱军又何异之有？！

一通犀利说教之后，姑娘幡然转身，决绝而去。

徒留元稹风中凌乱，一脸茫然：

哎，还以为自己是个情场猎手，没想到人家妹子才是高段位，一首小诗回得人想入非非，结果转头就翻脸不认账，一盆冷水浇你个透心凉……

初战不捷，元稹深感无计可施，熊熊爱恋之火只得独自燃烧。

谁承想，不几日后，事情竟又峰回路转，奇变陡生。

某夜，正当元同学辗转难眠，哀叹佳人再无可及时，莺莺来了。

是时，斜月晶莹，幽辉半床，眼前的莺莺眉目低垂、不胜娇羞，全没了平日的端庄高冷。

元稹痴痴良久，恍如梦寐：

"咦？之前表白被骂，如今深夜径自来，妹子您这玩的是哪一出？"

电视剧都不敢这么编啊！

所谓女人心，海底针。

资深女文青莺莺同学这一通迷之操作，我猜不仅元同学掐着大腿怀疑是做梦，吃瓜群众也是目瞪口呆，瓜皮掉了一地：

"姑娘啊，你这是咋回事！"

呵呵，凡事不能只看表面。

眼前的一幕绝非元稹梦境，更非姑娘乱了心性，事实的真相只有一个，那就是：

莺莺对表兄同样是一见钟情，芳心早许。

（五）

听到这儿，个别暴躁群众估计要开启咆哮模式了：

那前面的思想品德课，到底几个意思哇？！

别急，接下来就让我这个业余初级情感专家，试着为大家分析一二。

我说莺莺同样心仪表兄元稹，那是有理由的——

首先，我们元稹同学长得帅。在《莺莺传》里，他给自己描述的自画像是：

性温茂，美风容，内秉坚孤，非礼不可入。

你看，一派风度翩翩、温文尔雅之相。而且还带点小清高、小孤傲，对文艺女青年的吸引力简直百分百。

关于元同学是美男子这一点，我们还有确凿的旁证。比如，他的死党白居易，夸他"仪形美丈夫""君颜贵茂不清羸"，意思就是元同学不仅颜值高、仪态好、体格也健美，颇有阳刚之气……

（啧啧，老白的潜台词简直呼之欲出：微之好有型喔，我要是女的我都想嫁，嘻嘻……）

除了长得帅，显而易见的，还有才华高。

文采嘛，前面的情诗我们都领教过了。毕竟是能和白居易搞文学组合的人，能差到哪里去？

此外，人家元同学还能歌善舞，吹拉弹唱无所不精：

能唱犯声歌，偏精变筹义。含词待残拍，促舞递繁吹。

你以为这就完了吗？

不，我们元稹还写得一手好字！《宣和书谱》里，说他的楷体字是：

自有风流蕴藉，挟才子之气，而动人眉睫也。

啧啧，你说这么一个眉目如画、潇洒倜傥而又多才多艺的表兄往你跟前一站，你是莺莺你动心不？

我看何止是动心，想直接扑上去的迷妹估计也是大把。

可莺莺能这样吗？

不能呀，人家可是当时社会背景下家教严束、恪守礼法的大家闺秀。

所以她在接到表兄的情诗后，虽一时芳心难抑，回了那首柔情蓄蕴的《明月三五夜》，但冷静下来后，男女大防的理智却又重新占据上风，以至虽去赴约，却违背本心，拒表哥于千里之外……

可心弦毕竟已被拨动，再加上看热闹不嫌事大的红娘帮着煽风点火、两边撺掇，莺莺在经历了激烈的内心矛盾和思想斗争后，终于决定背弃封建礼教，奔向自由爱情！

于是，也就出现了前文中出乎所有人意料的一幕。

（六）

让我们再回到当时。

被佳人从天而降而彻底整蒙圈的元稹，对妹子这曲折的心路历程一时虽未必参悟得透，但朝思暮想的心尖尖上的人，忽在这花香月明之夜盈盈而来、眉目含情，试问天下男子又有哪个能坐怀不乱呢？

于是，两相爱慕，春宵一度后，元同学的艳诗名作《会真诗三十韵》，诞生了：

> 微月透帘栊，萤光度碧空。
>
> 遥天初缥缈，低树渐葱茏。
>
> 龙吹过庭竹，鸾歌拂井桐。
>
> 罗绡垂薄雾，环佩响轻风。
>
> 绛节随金母，云心捧玉童。
>
> 更深人悄悄，晨会雨濛濛。
>
> ……

戏调初微拒，柔情已暗通。

低鬟蝉影动，回步玉尘蒙。

转面流花雪，登床抱绮丛。

鸳鸯交颈舞，翡翠合欢笼。

眉黛羞频聚，朱唇暖更融。

气清兰蕊馥，肤润玉肌丰。

无力慵移腕，多娇爱敛躬。

汗光珠点点，发乱绿松松。

方喜千年会，俄闻五夜穷。

留连时有恨，缱绻意难终。

慢脸含愁态，芳词誓素衷。

赠环明运合，留结表心同。

……

开头先交代了月夜幽会的环境氛围，最后则是两情相誓，互赠信物。

中间的内容嘛……由于比较限制级，我表示拒绝翻译。

非要说点什么的话，感觉可以提炼概括为：

金风玉露一相逢，便胜却人间无数。

（目测秦观已在提刀赶来的路上）

唐人李肇的《唐国史补》曰：

"元和以后……诗章则学矫激于孟郊，学浅切于白居易，学淫靡于元稹。"

嗯，可以说是丝毫没有冤枉元同学了。

（七）

回到故事中。

一夜欢会后，正当元同学以为从此能和表妹郎情妾意、比翼双飞时，莺莺却像白居易诗中描述的那般：

夜半来，天明去。来如春梦几多时？去似朝云无觅处。

一如朝云飘散，十几天闭门深闺，杳无音信。

再次迷惘不解的元稹，只得托付红娘把刚刚写就的《会真诗三十韵》转交而去，再表衷肠。

收到这首诗后，莺莺可能终于确信表哥对自己的感情并非一时色起，而是实属真心，于是她再次鼓起非凡勇气，彻底背弃礼教束缚，一头扎进了爱海情波之中：

"自是复容之，朝隐而出，暮隐而入，同安于曩所谓西厢者，几一月矣。"

自此，她暮来朝去，夜夜与元稹西厢私会，两情缱绻，难舍难分。

一个月后，元稹西去长安，报名当年秋天的吏部考试。事一甫毕，他便重回蒲州，再会莺莺。

在元稹那些日后追忆的诗文中，我们仍可一窥当时这对爱侣的甜蜜日常：

·忆得双文通内里，玉栊深处暗闻香。

·忆得双文人静后，潜教桃叶送秋千。

·忆得双文胧月下，小楼前后捉迷藏。

·忆得双文独披掩，满头花草倚新帘。

……

诗中的"双文"，即暗指莺莺。

你看，二人有时屋内诉情衷，有时静夜荡秋千，有时月下捉迷藏，还有时园中嬉闹、插戴满头花草……跟天底下所有热恋的人儿没什么两样，只要在一起，不管做什么，都是幸福的味道。

可惜，最后还是应了那句千年不破的老话——欢乐的时光，总是短暂的。

转眼间，春去秋来，吏部考试的日子到了，元稹必须再赴长安。

临行的前夜，莺莺为其鼓琴送行，然而数声之后，便琴音哀怨，难以成调，最后一曲未终，便情难自已，掷琴洒泪，掩面而去……

或许，聪颖如她，在此刻便已然预料到了故事最终的结局。

（八）

元稹至长安应吏部试，初战不逮。

素有大志的他深受打击，不敢再溺于儿女私情，就此滞留京城，刻苦复读。

初时还有礼物书信寄达莺莺，但随着其为了博取功名而不断拜谒高官豪门希求引荐，他越来越清醒地认识到：想要出人头地、步入仕途，门第和权势的力量实在太重要了！

恰在此时，他通过好友李绅（写"汗滴禾下土"的那位）结识了官任京兆尹的韦夏卿。

韦夏卿对一表人才而又年少才高的元稹十分赏识。而且好巧不巧，他家里还有一位备受宠爱、待字闺中的小女儿——韦丛。

此时，就不得不交代一下元稹的家世。

其八岁丧父，门势衰微，跟随母亲投靠舅族，寄人篱下。儿时连学堂都去不起，全靠其母亲自教授。

臣八岁丧父，家贫无业。母兄乞丐，以供资养。衣不蔽体，食不充饥。——《同州刺史谢上表》

稹八岁丧父。其母郑夫人，贤明妇人也。家贫，为稹自授书，教之书学。——《旧唐书》

为了尽早自立，他没能像白居易、刘禹锡一样苦读到二十几岁再参加最为荣耀的进士试，而是十四岁就孤身赴长安，考取了相对容易的明经科，盼能尽早谋生养家。

想想看吧，连苦大仇深的杜甫杜大叔，都啃老啃到了三十多岁，才到长安考进士、找工作。相形之下，元同学的成长经历，真可说是相当艰辛了……

所以当身居高位的韦夏卿伸出橄榄枝，意欲招其为乘龙快婿时，急切想要改变命运的元稹意识到，这是一个不能错过的机会。

此念一动，其对莺莺的"始乱终弃"也即在所难免了。

于是，在离开蒲城三年，并终于通过吏部考试而授官校书郎后，元稹与韦丛成婚。

> 一梦何足云，良时事婚娶。
> 当年二纪初，嘉节三星度。
> 朝蟒玉佩迎，高松女萝附。
> 韦门正全盛，出入多欢裕。

你看，娶到家世显赫的高门贵女，从前和莺莺的缠缠绵绵就成了"一梦何足云"了。

（九）

元稹可能完全不会想到，仅因背弃了莺莺，自己几乎就成了唐代诗人中最为声名狼藉的一个——硬是被围观群众连追带堵，骂了一千多年的"渣男"。

对此，我猜他或许会觉得蛮冤：自己虽娶了韦丛，但莺莺也有另觅良人，结局并不悲凉；何况除此外，自己这辈子也并没啥其他大的黑点嘛。

说的倒也是——娶韦丛虽有攀附豪门之嫌，但成婚第二年，岳父就过世了，并没给他的仕途带来多少实际的帮助。可他和韦丛却一直是恩爱甚笃的，后来韦丛早逝，他写过很多情真意切的悼念诗。

比如，新年时想起过世的妻子，自己一个人偷偷哭泣、背月而眠：

> 忆昔岁除夜，见君花烛前。
> 今宵祝文上，重叠叙新年。
> 闲处低声哭，空堂背月眠。
> 伤心小儿女，撩乱火堆边。

又比如，醉酒后忘记爱妻已逝，喊着她的名字问东问西，醒后看到旁人哭了，还觉得很奇怪：

怪来醒后旁人泣，醉里时时错问君！

还有大家更为熟悉的"诚知此恨人人有，贫贱夫妻百事哀""惟将长夜终开眼，报答平生未展眉"……

此等椎心泣血之句，非有真情实感，焉能为之？

在家庭里，他算得上是合格丈夫；仕途上，他则刚直不屈，胆气惊人。

任监察御史时，查办贪官污吏，直接是一串一串往下撸，得罪了数不清的官场大佬。一生虽四处被贬，但每到一地，都颇有政绩，是个很有实干精神之人。

> 修身不言命，谋道不择时。
> 达则济亿兆，穷亦济毫厘。
> 济人无大小，誓不空济私。

你看看，他这表达人生志向的诗，比白居易的"穷则独善其身，达则兼济天下"境界上还要更高一筹。

说到底，他的综合人品并没有那么不堪，不然也不能和路人缘超好的白居易做了一辈子的莫逆之交。

那么，问题就来了——本就不是所有恋爱都能开花结果，白居易也没娶成湘灵嘛，分手的人千千万，为啥大家偏偏只骂元同学呢？

（十）

解铃还须系铃人。

答案还得从《莺莺传》上找。

在这部自传小说里，对于因何背弃莺莺，张生给了这么一段冠冕堂皇的解释：

大凡天之所命尤物也，不妖其身，必妖于人。使崔氏子遇合富贵，乘宠娇，不为云，不为雨，为蛟为螭，吾不知其所变化矣。

昔殷之辛，周之幽，据百万之国，其势甚厚。然而一女子败之，溃其众，屠其身，至今为天下僇笑。予之德不足以胜妖孽，是用忍情。

翻译过来就是：

崔莺莺太美了，是尤物，是妖孽，变幻多端，红颜祸水啊！

我的品德战胜不了她的诱惑，所以只能克制自己的感情，抛弃她、离开她！

啧啧啧，你瞅瞅，这是什么清奇的脑回路啊！

都能把人气笑有没有！

常规渣男是不主动、不拒绝、不负责，元稹可妤，相当主动但不负责也就罢了，完事儿还往人姑娘头上呼啦扣一屎盆子——

爱慕时夸人家是仙女，想分手就怪人家是妖孽，敢情群众还得发面锦旗，夸你分手分得好分得妙是不是？

为了强行洗白自己，不惜如此污蔑曾经的恋人，实力演绎了什么叫作"分手见人品"——就问大家不骂你骂谁？！

而且这还不算完，大概与《莺莺传》同期，元同学还写过这么一首诗：

有美一人，于焉旷绝。

一日不见，比一日于三年，况三年之旷列。

……

翘桃李之当春，竞众人而攀折。

我自顾悠悠而若云，又安能保君皑皑之如雪。

······

幸他人之既不我先，又安能使他人之终不我夺。

······

一年一度暂相见，彼此隔河何事无。

——《古决绝词》

大致意思是：

我爱着一个绝代佳人，一日不见，如隔三秋。

何况如今我们已阔别三年，我的思念可想而知！

我们长久分隔，而她又艳若桃李，一定会引得众人攀折。

我如浮云般在外漂泊，如何能确保她像白雪一样坚贞洁白呢？

我固然首先得到了她，但又怎能保证她不会被别人夺去呢？

彼此像牛郎织女般天河相隔，什么事儿都有可能发生呀！

说实话，这首诗的确是太过小人之心。

别说女人们义愤填膺，连男人们都看不下去，纷纷扔刀子：

清人冯班评说："微之弃双文，只是疑她有别好，刻薄之极。"

近人王桐龄表示赞同："明明以己之心，度人之心，疑莺莺别有私矣。"

国学大师陈寅恪也麻利补刀："呜呼，微之之薄情多疑，无待论矣。"

······

嗯，前辈们批评得都很好，但大家有没有想过：元同学究竟为什么要在《莺莺传》里写那段令人吐槽无力的渣男语录？又为什么要写这首招黑无数的薄情之诗？

戏这么多，难道仅仅因为欠骂？！

答案很显然不是。

真正的原因，依然藏在他和莺莺的故事里。

（十一）

《莺莺传》的最后，男已婚、女已嫁，元稹有次经过莺莺婚后的住处，忍不住登门拜访，求以表兄身份一见。

莺莺的夫婿传话后，她却始终不肯出来。而是让婢女传了一首诗：

> 自从消瘦减容光，万转千回懒下床。
>
> 不为旁人羞不起，为郎憔悴却羞郎。

元稹于是怅然而去。

几天后，他要离开当地时，莺莺又遣婢女传诗一首：

> 弃置今何道，当时且自亲。
>
> 还将旧时意，怜取眼前人。

既然已舍弃了我，何必再来打扰。还是把曾经对我的心意，用来好好珍惜您的妻子吧。

——啧啧，瞅瞅人家莺莺这境界，分手了不撕扯不怨恨更不搞什么暧昧，还能为前任的现任着想……甩前面各种强词诡辩的元同学一万条街啊！

我不清楚元稹是怀着什么心情离开的，只知道从此他们就散入茫茫红尘，再也没有了彼此的消息。

但，元同学对莺莺的怀念却终生未息。

元和四年（809 年），元稹三十一岁，任监察御史出使四川，夜宿嘉陵驿站。是时墙外花香浮动，月照半床，一如自己与莺莺西厢初会之情景，他由是心潮起伏，彻夜难眠：

> 墙外花枝压短墙，月明还照半张床。
>
> 无人会得此时意，一夜独眠西畔廊。

一句"无人会得此时意"，恰将隐秘心事泄漏无疑。

有时，佳人也会盈盈入梦，醒来后，他感到仿佛又一次经历了那别离的凄痛：

梦昔时

> 闲窗结幽梦，此梦谁人知？
>
> 夜半初得处，天明临去时。
>
> 山川久已隔，云雨两无期。
>
> 何事来相感，又成新别离。

元和十四年（891 年），元稹四十一岁，去往外地上任的途中。

某个清晨，他被远处寺院的钟声惊醒，二十年前普救寺的往事便蓦然间涌上心头：

> 半欲天明半未明，醉闻花气睡闻莺。
>
> 狂儿撼起钟声动，二十年前晓寺情。

直到临终的前一年，看到"花枝满院""月入斜窗"之情状，他对莺莺那深藏心曲的隐秘之情，依然会被深深搅动：

> 凤有高梧鹤有松，偶来江外寄行踪。
>
> 花枝满院空啼鸟，尘榻无人忆卧龙。
>
> 心想夜闲唯足梦，眼看春尽不相逢。
>
> 何时最是思君处，月入斜窗晓寺钟。

何时最是思君处，月入斜窗晓寺钟——永恒的爱恋，深沉的思念，在这个酷似当年情景的春夜里，都化作无比的落寞和惆怅……

（十二）

至此，前面问题的答案也就昭然若揭了。

那就是，元稹之所以在《莺莺传》中做"红颜祸水"的文过饰非之论，又于诗中对莺莺无端揣测诋毁，乍看都是为自己背弃莺莺而狡辩自护，但最根本的原因——在于他依然深爱着莺莺啊！

只不过，这爱显然已因他的自私而呈现出扭曲的形态：

因为依然爱，却又不得不为了前途而忍情舍弃，才会不断编造这种种缘由自我麻痹，强行使分手的行为合理化，以此来摆脱那难以自持的矛盾和痛苦。

可惜，这些话既没骗得过世人，也骗不了自己。

从前，我在其他文章中只要提及元稹，必骂渣男，鄙夷之极。而如今，我只想一声叹息——

他固然放弃了莺莺，但那从未消逝的爱与思念，却何曾放过他？

王家卫的电影《东邪西毒》中，有一段经典台词：

"当你不可以再拥有的时候，你唯一可以做的，就是让自己不要忘记。"

这份心情，其实元稹早在一千多年前就写了出来：

> 曾经沧海难为水，除却巫山不是云。
> 取次花丛懒回顾，半缘修道半缘君。

李商隐

哥以一己之力，就给唐诗续了命

（一）

很多年以后，当李商隐在潇潇的巴山夜雨中辗转难眠时，他依然清晰地记得第一次见到妻子时的情形。

她太美了。

那梦幻般的惊鸿一瞥，他永生不会忘记。

那是开成二年（837年）的一个春日，暖风拂面，花香盈动。

曲江池畔的彩楼中，四十名新科进士正在参加风光无限的官方庆典活动——曲江赴宴，杏园赏花，接下来还有令无数读书人梦寐以求的雁塔题名。

他们登上雕梁画栋的游船，沿着曲江池畔缓缓行驶，以便岸上摩肩接踵的围观群众都能一睹新科进士的风采。

这是长安人民每年倾城而出的时刻，也是无数权贵豪门挑选东床快婿的好时机。

二十五岁的李商隐，正是新晋进士之一，此时的他风华正茂、英姿勃勃。中第的兴奋令其一反平日的忧郁气场，手扶栏杆与同年们谈笑风生，好不潇洒。

忽然，身后有人猛拍他的肩膀：

"义山弟，快看快看，我未婚妻来了，就是黄色衣衫那个！"

李商隐回头一看，是同年好友韩瞻，于是打趣道：

"哎呀，韩兄金榜题名，又得美人助阵，何苦来刺激我们这些单身汉？"

一片哄笑声中，李商隐漫不经心地顺着韩瞻手指的方向朝岸上望去，一瞬间却是电光火石，心如鹿撞，两眼痴痴地呆住了——他望了她一眼，她对他回眸一笑，生命突然苏醒。

（二）

和李商隐四目相对的，当然不是韩瞻的未婚妻。

而是其身旁另一位容颜清丽、巧笑倩兮的少女。

当李商隐转身的那一刻，她也正顺着姐姐的指引向画船上遥望，命中注定要在一起的两个人，就这样目光交会了。

没错，这个姑娘正是韩瞻的妻妹，泾原节度使王茂元的小女儿。

"义山，妻妹非常喜欢你的诗文，晚饭我岳家做东，你指教一下小妹啊！"

一旁的韩瞻早已看出端倪。

唐代本就盛行自由恋爱，王家两位姑娘又是武将之后，家风开明，于是在韩瞻的牵线搭桥下，李商隐和王姑娘就这样相识了！

那真是一个春风沉醉的夜晚啊，初识的两个年轻人虽然都有些拘谨，却早已心意暗通，彼此钟情。

直到第二天，当李商隐想起宴席上王姑娘那霞生双颊的娇俏神情时，依然忍不住嘴角上翘，一首情真意切的无题诗，就这么自然而然地涌上了心头：

无题

昨夜星辰昨夜风，画楼西畔桂堂东。

身无彩凤双飞翼，心有灵犀一点通。

隔座送钩春酒暖，分曹射覆蜡灯红。

嗟余听鼓应官去，走马兰台类转蓬。

拿起手机几次三番写写删删后，李商隐最终还是鼓起勇气点击了发送键。

望着窗外的灿烂春光，他忐忑地等待着：初次遇见，我们已然心有灵犀，可惜我还要为了官职四处奔波，不知何时能再次见到你……

很快，手机一振：你愿意来我老爸的幕府上班吗？

李商隐轻轻地笑了。和这一刻的甜蜜相比，窗外的春光仿佛都显得黯淡了。

当时，深陷情网的诗人完全没有想到：这条信息是他爱情的福音，同时却也是他前途的红灯。

（三）

让我们把时光倒回到九年前。

那一年，十六岁的李商隐跟随堂兄来到东都洛阳闯荡。一个未成年人为什么这么急着出人头地呢？

答案很简单：生活所迫。

李商隐是个名副其实的苦孩子——先是出身衰门弱族，而后九岁时父亲又撒手人寰，一家人的生活重担，就此落在了他这个长子的肩膀上。

所以稍有自立能力后，他便奔赴洛阳。一边抄书舂米赚取家用，一边到处投递诗文为博取功名做准备。

穷人的孩子早当家，千古如是。

幸运的是，因为才华高蹈，小李同学很快结识了两位重量级的大人物，一个是日后成为他死忠粉的白居易，一个是他生命中最大的贵人令狐楚。

说起令狐楚，今天可能没几个人知道。但在当时，人家可是历仕六朝的元老重臣，还曾做过宰相。李商隐拜见他的时候，他正任东都留守，也就是统领整个洛阳的一把手。

令狐楚是个爱才之人，一见李商隐的诗文即大为赞叹，从此对他青眼相加，极力栽培。不仅让他入府和自己儿子们一起读书，还把一身的骈文绝学倾囊相授，使得李商隐最终成为晚唐首屈一指的四六文大家。

除令狐楚对他关爱有加外，令狐家的两位贵公子也在同窗共读的日子里把他当家人和兄弟看。甚至后来李商隐考中进士，也是因为二公子令狐绹为他走通了关系。

（不是李商隐才华不够，而是唐朝科考就是要拼关系，晚唐更厉害。）

可以说，遇见令狐楚和王姑娘，是李商隐前半生最幸运的两件事儿。可无奈的是，当这两件好事交集在一起，却成了李商隐后半生中不可言说的痛。

（四）

说到晚唐政治，自然绕不开"牛李党争"。

好巧不巧，小李同学的恩师属于牛党，而他的岳父却属于李党！

李商隐虽终其一生把令狐一家当恩人来看待，却没有意识到，这份恩情是需要用政治取向来报答的。唉，天真的诗人们总是情感过于敏锐，政治嗅觉却又过于迟钝，于是悲剧不可避免地发生了。

至于悲催到什么程度，我觉得毕飞宇老师的总结十分到位：李商隐的婚姻让他三面不讨好——在牛党眼中是叛徒，在李党眼里像间谍，在吃瓜群众看来，则是另攀高枝的投机分子！

果然，和王姑娘成婚后，李商隐很快付出了代价。

新婚之后，他满怀信心地参加了朝廷人事部的选官考试，自认发挥极佳。主考官也对其答卷极为赞叹，可最终意外发生了：牛党高层以一句"此人不堪"，大笔一挥便划掉了他的名字。

无辜落选令李商隐激愤莫名，那首自剖心志的著名诗篇《安定城楼》即作于此时：

> 迢递高城百尺楼，绿杨枝外尽汀洲。
> 贾生年少虚垂泪，王粲春来更远游。
> 永忆江湖归白发，欲回天地入扁舟。
> 不知腐鼠成滋味，猜意鹓雏竟未休！

重点显然在最后两联：我李商隐的确立志要做一番扭转乾坤的大事业，然而功成之后，我便会乘舟而去，归隐江湖。你们这些小人营营以求的富贵功名，在哥眼里不过是腐鼠滋味而已！

骂得漂亮！

难怪后来变法家王安石对第三联激赏不已，想必这两句话也完全说出了他的心声——永忆江湖归白发，欲回天地入扁舟！

然而，诗虽然写得解气，却丝毫改变不了惨淡的现实。

此后，李商隐一直在牛李党争的夹缝中艰难生存，辗转漂泊于各地幕府中，替人做些捉刀代笔的文字工作，几乎从未进入过核心政治圈。

（五）

一场婚姻就让自己的政治生涯如同被判了死刑，这是李商隐始料未及的。

那么，他究竟有没有后悔过呢？

别急，从后面两段故事中，也许我们能够找到答案。

李商隐初到洛阳时，曾喜欢过一位名叫柳枝的商人之女。小姑娘天真烂漫，外向开朗，家住商隐堂兄的隔壁。

李商隐诗序中提到，她有时梳妆打扮到一半不知想起什么事儿来会拔腿就跑，是个活脱脱的女汉子加疯丫头。因为玩得太野，以至于十七岁了都没人敢去家里提亲。

李商隐却对这个不被闺阁之礼束缚的女孩子颇有好感，为了引起姑娘的注意，他特意挑了自己最满意的爱情诗作《燕台四首·春》，安排堂兄在柳枝家的窗户下高声朗读。

啧啧，文艺青年就是不一样啊，追起姑娘来都这么诗意。

（那些给女神修完电脑连水都不喝一口就走的直男们，学着点啊！）

果然，当堂兄读到最后两句"今日东风自不胜，化作幽光入西海"时，柳枝姑娘破门而出："苍天，这么感人的诗是谁写的？！"

堂兄洋洋得意："就是最近住我家的帅哥李商隐啊，需要帮你讨诗吗？"

柳枝白了堂兄一眼，反手扯断自己的衣带，打了个漂亮的同心结："把衣带结交给令弟！三天后上巳节，我会在家焚香以待，恭候郎君大驾！"

（啧啧，这么大胆直接的姑娘，我喜欢！）

眼瞅小李同学即将迎来一段浪漫初恋，这时一个脑残损友上线了——此人和李商隐约好几日后一同进京赶考，可是上巳节那天却突然脑子抽风，玩起了恶作剧，偷偷拿了小李的行李，先行上路了！

这可不得了，身份证、准考证可都在里面呢！李商隐生怕二货朋友不靠谱耽误了考试，于是顾不得和柳枝姑娘的约会，急急忙忙追去长安了。

一年后，李商隐落第归来，等待他的是另一个不幸的消息：他再也见不到心心念念的柳枝姑娘了，在他失约不久后，柳枝即被一个地方诸侯强行娶去……

这是一场还没开始就结束了的爱情。落榜加失恋，在李商隐眼里，整个春天都凋谢了：

无题

飒飒东风细雨来，芙蓉塘外有轻雷。

金蟾啮锁烧香入，玉虎牵丝汲井回。

贾氏窥帘韩掾少，宓妃留枕魏王才。

春心莫共花争发，一寸相思一寸灰！

此时的小李同学哪里知道，这一生令他相思成灰的人，又何止柳枝姑娘呢。

（六）

那一年，李商隐第四次科考落榜，为了排遣心情，随朋友来到玉阳山学道。

众所周知，唐代道教发达、地位尊崇，连很多公主都有修道经历。其中最出名的，莫过于提携过李白和王维的玉真公主。而玉真公主当年修仙的道观，便建在玉阳山。有玉真公主代言，玉阳山从此名气冲天，后续有想修道的公主一般也就首选此处。

本是为了修身养性，寻个清净之处复习科考，万万没想到，李商隐却在这里又被爱情撞了一下腰！这次和他相爱的，是一位陪伴公主修道的侍女，名叫宋华阳。

他们如何相识，爱情又是如何发展的，我们不清楚，只知道二人爱得很辛苦。因为对方的宫女身份，他们不能公开表达爱意，很多时候只能以诗传情：

无题

重帏深下莫愁堂，卧后清宵细细长。

神女生涯原是梦，小姑居处本无郎。

风波不信菱枝弱，月露谁教桂叶香？

直道相思了无益，未妨惆怅是清狂！

经历了错失柳枝的教训，李商隐再也不想轻易放弃了，虽然这份不合世俗的爱情注定前途渺茫，但李商隐还是横下了心，不求天长地久，但求曾经拥有！

可纵使爱到死去活来，也依然逆转不了悲伤的结局，他们终究没能在一起。

不知是哪一天，她连一声道别的话都来不及说，就被公主带回了长安。从此深宫似海，初别即永诀，李商隐的心又一次碎成了渣：

无题

来是空言去绝踪，月斜楼上五更钟。

梦为远别啼难唤，书被催成墨未浓。

蜡照半笼金翡翠，麝熏微度绣芙蓉。

刘郎已恨蓬山远，更隔蓬山一万重！

（七）

故事讲到这里，前面问题的答案也就呼之欲出了——情定王姑娘已是李商隐人生中第三次转角遇到爱了。他再也承受不了那爱而不得的苦痛了，无论怎样，这一次我不会放开你的手，即使和全世界为敌也无怨无悔！

可上天对李商隐实在过于刻薄，付出了一生的前途做代价，这份感情却依然没能够天长地久。

也许是李商隐常年在外王姑娘独撑门庭积劳成疾，也许是因这份婚姻阻碍了爱人的仕途令她终日心怀内疚。双重压力下，美丽善良的王姑娘在三十岁左右，就因病去世了。他们只相伴了短短的十余年。

得知妻子病重，李商隐火速从幕府赶回长安，却终究没能见到妻子最后一面。

迎接他的只有空荡冰冷的房间：枕席依旧，锦瑟仍在，可那个总能在困苦艰难中给自己慰藉和力量的倩影，却再也寻不到了！

忆得前年春，未语含悲辛。

归来已不见，锦瑟长于人。

今日涧底松，明日山头檗。

愁到天地翻，相看不相识。

——《房中曲》

曾经的你出身富贵，何曾吃过半点苦，可自从嫁给我，日子过得就像涧底的孤松和山头的苦檗，贫贱夫妻百事哀……如今你舍我而去，我愁到天翻地覆，只怕你见到我再也认不出！

这份字字是泪的悲戚之情，跟后来苏轼的"纵使相逢应不识，尘满面，鬓如霜”何其之相似。

很长一段时间里，李商隐沉浸在丧妻之痛中无法自拔，每一个夜晚都被思念填满：

· 西亭翠被馀香薄，一夜将愁向败荷。

· 远路应悲春晼晚，残宵犹得梦依稀。

· 梧桐莫更翻清露，孤鹤从来不得眠。

……

而下面这首著名的《无题》诗，或许也正是这份怅惘之情所谱就的最高音：

> 相见时难别亦难，东风无力百花残。
> 春蚕到死丝方尽，蜡炬成灰泪始干。
> 晓镜但愁云鬓改，夜吟应觉月光寒。
> 蓬山此去无多路，青鸟殷勤为探看。

你走了，把我的心也带走了。

仙界的青鸟啊，什么时候能为我带来你的讯息……

区区八句诗语，道尽心中百转千回。

（八）

因为坚守一份爱情，李商隐终生沉沦下僚，遭人非议。连新旧唐书对他的评价，都是“无行文人”“具无特操”。然而事实当真如此吗？

是时候还李商隐一个公道了！

空口无凭，上实证：

李商隐任弘农县尉时，极力推行仁政，对因交不起赋税而被捕入狱的囚犯，他总是能宽则宽，尽量减轻处罚。

上面的大领导闻之却恼怒之极，把李商隐唤去一顿臭骂。如果李商隐果真是攀附权贵的"无行文人"，此时是不是应该簌簌发抖，点头如捣蒜，只求保住头上的乌纱帽？

然而并没有。

实际情况是，小李同学不但丝毫不惧，还慷慨激昂据理力争。最后更当堂拂袖而去，回家水都没喝一口，提笔就写了辞呈！

任弘农尉献州刺史乞假还京

黄昏封印点刑徒，愧负荆山入座隅。

却羡卞和双刖足，一生无复没阶趋。

我真希望自己也像卞和一样双足被砍断，这样就再不用向官府奉迎趋拜了！——这样的事儿，这样的诗，是"无行文人"做得出来、写得出来的吗？！

除此之外，更具说服力的，是他对李党群体政治失势后的态度。

唐宣宗上台后，重用牛党，排斥李党。

这个时候，明眼人肯定要赶紧重新站队，另找靠山。可李商隐呢，居然在这个节骨眼接受李党被贬官员的邀请，跟着人家跋山涉水，远赴桂林。

不仅如此，还为李党首领李德裕的文集作序，要知道此时李德裕可是完全失势，处境岌岌可危。自古墙倒众人推，这时候不上去踩一脚都算好人了，可李商隐却在序文中评价李德裕——

"成万古之良相，为一代之高士！"

为一个下台宰相如此大唱赞歌，这相当于是骂当今皇帝和得势一党都眼瞎啊！

敢问几人有如此胆识与气魄？！

如果我再告诉你，李商隐的发小令狐绚此时正步步高升，如果他坚决和李党划清界限，然后找令狐绚叙旧唠嗑抱大腿，前程似锦绝对不是梦，因为令狐绚很快官至宰相啊！

可李商隐没有，因为在政治理念上他确实更赞同李德裕，他没有按照现实的得失利害来决定政治态度。

知其不可为而为之，是为品德与气节。

如果这些还不够，那就再读读他那些借古讽今的咏史诗吧：

贾生

宣室求贤访逐臣，贾生才调更无伦。
可怜夜半虚前席，不问苍生问鬼神！

隋宫

紫泉宫殿锁烟霞，欲取芜城作帝家。
玉玺不缘归日角，锦帆应是到天涯。
于今腐草无萤火，终古垂杨有暮鸦。

地下若逢陈后主，岂宜重问后庭花？

还有那句讽刺唐玄宗的 "如何四纪为天子，不及卢家有莫愁"，把皇帝祖宗拉出来如此吊打，这要放在清朝，全家死十次都不够啊！

就这样一个比钢板还硬的耿直小伙儿，你说人家是"具无特操"的"无行文人"？！

瞎吧你们！

"千百年下，生人之权，不在富贵，而在直笔者！"

历史的眼睛，是雪亮的。

（九）

妻子去世后，李商隐虽万念俱灰，但为着膝下一双小儿女，生活依然要继续。

这些年来，他靠山山崩，靠树树倒，只是做个小幕僚而已，竟也没一段可干长久。接下来，他又要到巴蜀入幕讨生活了。

一个彤云密布的冬日，李商隐在咸阳驿站别过送行的亲友，黯然向西，踽踽独行，走着走着，天上开始飘起了雪……

悼伤后赴东蜀辟至散关遇雪

剑外从军远，无家与寄衣。

散关三尺雪，回梦旧鸳机。

妻子走了，再也不会有人在风起雪落时，在鸳机前为自己赶制棉衣了。

千山暮雪，只影向谁去？

在巴蜀任职的日子里，节度使柳仲郢对李商隐分外体恤关照，还打算在幕府乐营中挑选一个花魁娘子给他做妾，却被李商隐婉言相拒了。

妻子是他心中的一弯月，再亮的星也替代不了。

一个潇潇细雨的秋夜，李商隐又一次梦见了妻子。在梦中，她殷勤相问自己何时返家？

泪水打湿了枕席，寂寂长夜里，李商隐从哭泣中醒来……

他点亮烛火，泪眼蒙眬中写下一首诗，一首在他所有情诗中最简单、却最深情的诗：

夜雨寄北

君问归期未有期，巴山夜雨涨秋池。

何当共剪西窗烛，却话巴山夜雨时。

你问我何时归去，我也不知道哪一天能停下这漂泊的脚步，窗外秋雨下个不停，一点一滴涨满了整个池塘。什么时候我才能和你一起坐在家里的西窗下，一边剪着跳跃的烛花，一边诉说这绵绵雨夜里，我对你无尽的思念……

可是，再也不会有那一天了。

这首诗名为《夜雨寄北》，却是一首再也寄不出去的诗。

毕飞宇说，李商隐笔下的这场雨是中国诗歌史上最漫长的一场秋雨。是啊，这场秋雨淅淅沥沥，一千多年来，下到了每一个读者的心里。

那一点一滴落下来的，不是雨，是李商隐心中无边无际的思念。那慢慢涨满秋池的，也不是雨水，是李商隐那无尽的孤独、寂寞和忧伤。

听，雨还在下。

（十）

857年，四十六岁的李商隐最后一次回到长安。

不是有了进京为官的机会，而是他的身体再也支撑不住四海漂泊的脚步。

落叶归根，他计划带儿女回返荥阳老家。临行前的一个午后，他独自登上长安城南的乐游原，因为心中的预感告诉他，这次离开可能就再没机会回来了。

让我最后眺望一眼这片永远萦绕在心间的热土吧！

长安，再见了！我的青春，我的梦！

登乐游原

> 向晚意不适，驱车登古原。
> 夕阳无限好，只是近黄昏。

多么美好，多么温暖的夕阳啊！只可惜终将陨落。

可是陨落的只有太阳吗？

不，还有我那"永忆江湖归白发，欲回天地入扁舟"的毕生之志，有心中"春蚕到死丝方尽，蜡炬成灰泪始干"的缱绻情深，更有"死忆华亭闻唳鹤，老忧王室泣铜驼"的家国忧患……

我并不甘心，可又能怎样？

我已经没有力量去改变什么，时代和现实也从未给我机会。

不如归去，只有归去。

（十一）

锦瑟

锦瑟无端五十弦，一弦一柱思华年。

庄生晓梦迷蝴蝶，望帝春心托杜鹃。

沧海月明珠有泪，蓝田日暖玉生烟。

此情可待成追忆，只是当时已惘然。

回到故居不久后，李商隐用一生的况味谱写出这最后的一首无题诗，然后孤寂地离开了这个对他薄情一生的世界。

这是一首把文字之美锻造到极致的诗，也是一首在意义上朦胧到无解的诗。

千百年来，无数人孜孜以求想要探明这首诗的真意所在——爱情说，悼亡说，自伤身世说，千人千口，众说纷纭，时至今日，却依旧茫然无解。

为什么非要苛求一个标准答案呢？

这首诗之所以能够打动每一个人，不正在于它的无可指实吗？

因为没有唯一的答案，所以它可以拥有无数解释：

如果你情路坎坷，那么可待成追忆的就是一份爱而不得的深情；

如果你人生崎岖，那这首诗就是一声年华似水的叹息；

如果你梦想受阻，那它就是一首壮志未酬的挽歌……

我们生命中有答案的事情已经太多了，保留这一份朦胧之美吧。

感谢李商隐，让我们心中那些莫可名状的情愫和百转千回的心事，在这首诗中找到了最好的注解和归宿。

（十二）

又到了最后总结和评价的时刻。

毫无疑问，李商隐是晚唐诗坛上最为瑰丽的一颗星。

即使放到整个唐代，他也蔚为大家，可当之无愧地跻身李杜之后的第二梯队。

甚至从某种角度来说，他比李白杜甫还要厉害。在他之前，无数唐诗大咖已将所有能写的素材都写尽了。在这样的形势下，他独辟蹊径，转向自己幽深的心灵世界，独创朦胧凄婉的无题诗，用自己至真至纯的情与爱，把文字的意象和境界之美，推向了一个无可企及的巅峰！

他还是诗人中体裁最全能的绝世高手，几乎是唐代唯一一个将近体诗、古体诗、四六骈文等所有形式都写到第一流的人。

所以人们评价他：既是一个集大成者，又是一个杰出的创新者，甚至可以说是唐诗的终结者。

然而，就是这样一个不世出的诗坛天才，却始终遭人误解，以至潦倒平生，从没得到过施展理想的机会——虚负凌云万丈才，一生襟抱未曾开！

说到底，他只是想在无谓的党派斗争中保有独立的人格和自由选择权，这又有什么错？

作为一个极致的理想主义者，李商隐的一生，恰如他笔下的一首诗：

天涯

春日在天涯，天涯日又斜。
莺啼如有泪，为湿最高花。

他多像一朵傲立在枝头最高处的花儿呀，即使在凄风冷雨的世界里，也永远为真和美，深情地绽放着。

备注：

李商隐的大多数无题诗，意义为何，写给谁，自古以来，争议不断。所以这篇对于诗歌和故事之间的联络，多属一家之言。

另，《夜雨寄北》究竟是李商隐写给妻子，还是写给朋友的，学术界亦无定论。我个人倾向是夫妻情深之作，所以在文章中的解读方式亦属个人演绎，特此声明。

李白与杜甫

我对你的友谊，与全世界无关

（一）

大唐天宝四年（745 年），鲁城（今山东曲阜），山间村舍的客房内。

清晨的秋日阳光穿透窗户，温暖地洒满了大半个房间。

杜甫醒了，李白还在睡。

杜甫睡眼惺忪地向窗外望了望，明亮的阳光刺得他更加睁不开眼，于是他本能地扭过了头，望向床榻另一侧依然鼾声如雷的李白。

就这样怔怔地望了好一会儿，忽然他伸出手使劲地拧了自己大腿一把，疼痛感让他差一点惊呼出来：

"天哪！真的不是在做梦！"

曾经远在天边的偶像如今近在眼前，昨天还手拉手来到山里找隐居的老范喝酒撸串，喝高了就倒在同一张榻上，酣然共眠……

想到这儿，杜同学抑制不住内心强烈的幸福感，提笔向全世界宣告了他们的伟大友谊：

> 余亦东蒙客，怜君如弟兄。
>
> 醉眠秋共被，携手日同行。
>
> ——《与李十二白同寻范十隐居》

（二）

那么，这场伟大的友谊是怎么开始的呢？

让我们从一年前说起。

天宝三年（744 年），傲娇爆表的的李白不满工作中六材小用的尴尬处境，裸辞出京。

是的，那个令无数文人墨客艳羡不已的金饭碗——翰林待诏，李白同学说不要就不要了。

老子明明是只大鹏鸟，玄宗却把哥当金丝雀养着，这是对哥政治才华的侮辱啊！

一句话：不能忍！

失业之后的李白，又开始了浪迹天涯的生活。

不知不觉，就来到了河南——这可是我们杜大叔的地盘啊！彼时的杜大叔刚结婚不久，正在河南老家预备下一次的进士考试。

于是不得了的事情发生了，唐诗江湖中的两座巍峨高山就这样相遇了！

具体他们如何结识，我们不得而知，也许是在李白同学的粉丝见面会上，也许是在某一场文学派对上。

总之他们不仅一见如故，还相约一起漫游梁宋（今开封、商丘）。

彼时的杜甫虽然在诗坛上还是默默无闻的小角色，但已经写出了"会当凌绝顶，一览众山小"这样的名句，才华和潜力都是看得见的。所以李大哥虽已名扬天下，但对这位小兄弟还是十分欣赏的。

说到这里，申明一下，由于性格和文风的差异，很多人误以为杜甫比李白老,在这里郑重科普一下:李杜相遇时,李白四十四岁,杜甫三十三岁,李白比杜甫大十一岁,大十一岁,大十一岁。

重要的事情说三遍。

对于这次文学史上的伟大相遇,一千年后,诗人闻一多有一段著名的评论:

"我们该当品三通画角,发三通擂鼓,然后提起笔来蘸饱了金墨,大书而特书。因为我们四千年的历史里,除了孔子见老子(假如他们是见过面的),没有比这两人的会面,更重大,更神圣,更可纪念的。"

(三)

不过,在当时,这二位可完全没料到这一点,他们唯一在乎的是:兄弟们在一起,怎么要得开心点。

这一次老天爷很慷慨,觉得两个人玩可能还不够热闹,就把当时也在河南附近打转的另一位盛唐大诗人,也安排进来了。

这个人就是高适,彼时还是杜甫的跟班小弟。

两年后,他将写出"莫愁前路无知己,天下谁人不识君"这样的猛句。不过,这都是后话了。

三位大神集结完毕后,白天纵马围猎,游仙访道,晚上则喝酒撸串,吟诗作赋,逍遥得一塌糊涂。当然,时不时他们也会聊一下"济苍生,安社稷""致君尧舜上,再使风俗淳"之类的伟大命题。

很多年以后,杜甫卧病滞留夔州。人老了,便格外地喜欢回忆。

他常常在黄昏日落时，坐在院子里的藤椅上，回想着哥仨曾经"放荡齐赵间，裘马颇清狂"的快意时光，衰老的嘴角挂着痴痴的笑：

> 昔者与高李，晚登单父台。
> 寒芜际碣石，万里风云来。
>
> ——《昔游》
>
> 忆与高李辈，论交入酒垆。
> 两公壮藻思，得我色敷腴。
>
> ——《遣怀》

当时，李白和高适，早都已经先他而去了。

（四）

而现下玩得正嗨的杜甫，对自己颠沛流离的后半生，尚没有半点预料。但他依然很忧伤，因为分别的日子到来了。

这天，杜甫心事重重地转着手中的酒杯："太白兄，接下来去哪里耍呀？"

李白抬手仰脖，杯酒落肚，然后袖袍一挥："回山东，想我的两个娃娃了！"

杜甫的眼眸瞬时亮了：

"太好了！我老爸正好在山东上班，明年我去探亲，咱们再约啊！"

"好，一言为定！"

"捎着我一起啊！"高适满嘴饭菜地跟着瞎起哄。

于是第二年的春天，他们三人在济南又见面了，然后再度分手。

到了秋天，李白杜甫却又暗搓搓地在兖州重聚了。是的，这一次，他们没再喊高适。

这是一段美好至极的二人时光。他们携手遍游孔孟之乡的山山水水，感情越来越深厚，杜甫笔下的"醉眠秋共被，携手日同行"，就是出自此时。

不仅如此，他们还写诗互相戏谑：

戏赠杜甫

> 饭颗山头逢杜甫，顶戴笠子日卓午。
>
> 借问别来太瘦生，总为从前作诗苦。

我在饭颗山头碰到杜甫，大中午的他戴个斗笠，估计怕晒黑，叫"子美"果然很臭美，一个夏天不见，他又瘦了，这哥们写诗写得太痛苦了！

杜甫也不甘示弱，马上回赠了一首：

赠李白

> 秋来相顾尚飘蓬，未就丹砂愧葛洪。
>
> 痛饮狂歌空度日，飞扬跋扈为谁雄。

到了秋天我们又见面了，哥儿俩都还是没啥长进，像飞蓬一样飘来飘去，光顾着玩儿修仙大业都落下了。天天除了痛饮狂歌，没干一点儿正经事，还拽得跟二五八万似的，这样下去不行啊！

——大家一定要相信，凡是闲着没事互掐的，绝对都是真情。

（五）

可惜，相聚的时光总是短暂的。

一天，杜甫又转起了酒杯，神情凝重：

"太白兄，再过几天我要走了……"

"去哪儿？"

"去长安，考科举，报效国家！"

这次轮到李白伤感了。兄弟要去追梦了，他由衷地为他高兴，却也为自己感到迷茫：

子美的梦才刚刚开始，而自己的梦已经碎了一地，还能捡得起来吗？

最后的几天，李白的话变少了，酒却喝得更多了。临别的那天，石门下，他们依依惜别：

鲁郡东石门送杜二甫

醉别复几日，登临遍池台。

何时石门路，重有金樽开。

秋波落泗水，海色明徂徕。

飞蓬各自远，且尽手中杯。

离别就在眼前，让我们一起把风景看遍。什么时候能再次相见啊，到时一定要喝个痛快！

泗水河上秋波荡漾，徂徕山上翠色苍茫，你我马上就要像飞蓬一样各自飘远，啥也别说了，一醉方休吧！

当时的杜二甫，很年轻很天真，对西去长安充满了信心：

"太白兄，等我中了进士做了官，咱们再聚，很快的！"

李白笑了笑，想说：长安哥是混过的，没你想得那么容易……可看着杜甫那张年轻而又激情洋溢的脸，话到嘴边，李白改了口：

"加油，子美，你可以的！"

如果他们知道，此次一别，漫漫余生将再无相会之日，也许杜甫会多留几天，也许李白会多说几句鼓励的话。

可惜，他们都以为，还会有"重有金樽开"的那一天。

（六）

这之后，他们过得都不怎么样，杜甫尤其丧。但不管杜甫被生活虐得有多惨，在他心中，一直坚守着一件事，天崩地裂都无法动摇，这件事就是：

思念李白，牵挂李白。

比如到长安不久，他就写出了著名的《饮中八仙歌》，处心积虑拉来七个人做配角，搭了好大一个戏台子，其实主要就为了刻画李白：

李白一斗诗百篇，长安市上酒家眠。

天子呼来不上船，自称臣是酒中仙。

人物、地点、事件、台词，设计得活灵活现。隔着一千年，杜大叔愣是给我们传来了一段李白同学卖萌撒酒疯的小视频！

跟别人喝酒，夸对方时也不忘捎带上李白：

近来海内为长句，汝与山东李白好。

要说写长句，还要属你和我的太白兄最厉害！

听说孔巢父要离开长安去江东，杜甫赶紧跑来参加送别宴，因为当时李白正在江东啊！

宴席上，他噼里啪啦给人家写了一首长诗，其实主要目的就是最后两句话：

南寻禹穴见李白，道甫问讯今何如。

你到了江东，一定要对李白说，迷弟杜甫问他在那儿过得好不好。

忘了说明下，这个孔巢父也是李白的老相识，早些年他们在山东一起搞过一个叫"竹溪六逸"的文学组合。

春天，杜甫在想李白：

春日忆李白

白也诗无敌，飘然思不群。

清新庾开府，俊逸鲍参军。

渭北春天树，江东日暮云。

何时一樽酒，重与细论文。

这篇感情浓烈到我忍不住要跳出来翻译下：

我太白兄的诗天下无敌，他高超的才思更是无人能与争锋！他的诗既有庾信的清新，又有鲍照的俊逸，简直就是天才！如今，我独自在渭北望着春树，而太白兄则在江东遥看着晚霞，我们天各一方，相互思念，什么时候才能再在一起把酒论诗啊！

冬天，他还在想李白：

冬日有怀李白

寂寞书斋里，终朝独尔思。

更寻嘉树传，不忘角弓诗。

短褐风霜入，还丹日月迟。

未因乘兴去，空有鹿门期。

哎，在书房里鼓捣了一整天，翻箱倒柜找太白兄的诗……

（七）

后来安史之乱，李白误上了永王李璘的贼船，先坐牢后流放，有段时间甚至音信全无，生死未卜。

杜甫担心得要死，晚上一闭眼，脑海里全是李白：

江南瘴疠地，逐客无消息。

故人入我梦，明我长相忆。

——《梦李白二首·其一》

浮云终日行，游子久不至。

三夜频梦君，情亲见君意。

——《梦李白二首·其二》

你看，能接连三个晚上都梦见李白！

要知道，这时候他们已分别十几年，中间再没见过面。

凉风吹起时，他又担心李白在流放途中是否吃得饱、穿得暖：

天末怀李白

凉风起天末，君子意如何。

鸿雁几时到，江湖秋水多。

文章憎命达，魑魅喜人过。

应共冤魂语，投诗赠汨罗。

操心操到这个份上，都快赶上李白他妈了。

而且你以为当时杜甫自己的日子好过吗？

错了，那时他正流落秦州同谷，一家老小连饭都吃不饱，还要跑到山谷里挖野菜、捡橡果，都快活成野人了：

岁拾橡栗随狙公，天寒日暮山谷里。

就是这么艰苦的日子里，他还无时不刻不在挂念李白。

哎，让我们怎么忍心告诉杜大叔，其实人家李白当时已经被赦还了，而且返程路上处处有粉丝款待，日子过得比他美多了。这不，此刻正跟几个死忠粉漫游洞庭，把酒赏月呢！

游洞庭湖五首·其二

南湖秋水夜无烟，耐可乘流直上天。

且就洞庭赊月色，将船买酒白云边。

啧啧，诗写得那是真叫一个好，心那是真叫一个大。

此时此刻，真的很想给李大哥打个穿越电话：

李太白，你还记得石门路上依依惜别的杜子美吗？！

（八）

如果要问杜甫一生最看重的朋友是谁，看到这儿，傻子都知道是李白。

盛唐诗人中，杜甫跟高适、岑参、王维等都有深浅不一的交往，但你能想起杜甫为他们写过什么诗吗？写是写过，但是都不多，也不红。

杜甫写友谊最深情最感人的诗，都是给李白的。

在他现存诗作中，与李白有关的有二十多首，分别后单独写给李白的就有十首，而且几乎篇篇都是名作。同时代描述李白最传神的诗句，几乎都出自他笔下。

除了前面提到的，比较出彩的，还有形容李白诗才的：

· 笔落惊风雨，诗成泣鬼神。

· 敏捷诗千首，飘零酒一杯。

以及惋叹李白命运的：

· 冠盖满京华，斯人独憔悴。

· 千秋万岁名，寂寞身后事。

……

可以说，如果没有杜甫的这些诗，李白在后世的眼中，形象不会那么清晰，那么鲜明，那么呼之欲出。

杜甫像一个高明的摄影师，全方位无死角地为我们拍下了李白各个侧面的经典剪影。

支撑这一切的，是他对李白那深不见底的深厚友谊。

大家可能要问了，杜甫给李白写过这么多诗，那李白给他写过多少呢？

答案是：现存三首。

一起玩耍时写过的两首，前面咱们聊过了。还有一首，写于分别后：

沙丘城下寄杜甫

我来竟何事，高卧沙丘城。
城边有古树，日夕连秋声。
鲁酒不可醉，齐歌空复情。
思君若汶水，浩荡寄南征。

写得可以说是也很用心、很深情了，尤其最后一句。但不知为什么，这首诗一点也不红，十个人里九个半不知道。

更要命的是，偏偏李白写给其他朋友的诗，都红了。

（九）

比如，写给偶像孟浩然的，可谓无人不知、无人不晓：

黄鹤楼送孟浩然之广陵

故人西辞黄鹤楼，烟花三月下扬州。

孤帆远影碧空尽，唯见长江天际流。

还有写给"七绝圣手"王昌龄的：

闻王昌龄左迁龙标遥有此寄

杨花落尽子规啼，闻道龙标过五溪。

我寄愁心与明月，随风直到夜郎西。

甚至就连粉丝去码头送个行，也送出了一段千古名篇：

赠汪伦

李白乘舟将欲行，忽闻岸上踏歌声。

桃花潭水深千尺，不及汪伦送我情。

最占便宜的还是元丹丘，请吃一顿饭，就被李白写进了巅峰之作《将进酒》中：

> 岑夫子，丹丘生，将进酒，杯莫停。
>
> 与君歌一曲，请君为我倾耳听。

李白的所有名篇里，都没杜甫什么事儿。双方一对比，落差实在太大了。

于是，很多人看不下去了。

（十）

对李白杜甫这段看起来不怎么对称的友谊，后世基本是两种态度。

一种是义愤填膺，叉起腰来指着李白鼻子骂：

李白，你也太过分了！石门一别，除了一首《沙丘城下寄杜甫》，就没下文了，害得人家诗圣十几年为你牵肠挂肚、夜不能寐，你的良心就不会痛吗？！

还有一种是和谐派，想尽各种办法为李白打掩护。

比如找补说，可能李白也为杜甫写过很多诗，但是不巧都散佚了。也有的说双方性格不同嘛，一个细腻，一个豪放，所以表达方式不一样。

以上，说得都有一定道理，但是重要吗？

我认为不重要，一点儿都不重要。

而且我还要斗胆地说一句，杜大叔也一定觉得这些不重要。

大家想想看，一个写出过"安得广厦千万间，大庇天下寒士俱欢颜！……吾庐独破受冻死亦足！"的人，会去考虑"我对李白的友谊有一百一十分，李白对我的友谊有几分"这样幼稚的问题吗？

不会的，绝对不会。

我们要是这样想，那就太小看杜大叔了。

对杜大叔来说，在这个世界上，能有李白这样一个人，让他发自内心地崇敬、欣赏、牵挂，本身就是一种幸福和幸运啊！

因为杜大叔一定懂得：真正的友谊本就是无所企图的，我喜欢那个家伙，想要和他在一起，如果他有了麻烦，我忍不住就要去帮他。

这不就是友谊该有的样子吗？

爱情里，有一句话说得很好：我爱你，与你无关。

我想这句话也同样适用于李白和杜甫的友谊。自从他们相识，杜甫一定在心里默默说过：

李白，我崇拜你！这一生，我将永远把你视为最重要的朋友去牵挂、去祝福，而这一切，与你无关。

李白与崔颢

黄鹤楼前，李白为何败给了崔颢

（一）

有件事情，李白一直不服气。

起因是这样的。

大约在三十几岁时，李白漫游江夏，与好友韦冰同游当地名胜黄鹤楼。

当时的李白自认诗才逆天，所以这次到黄鹤楼，他打算出大招——给黄鹤楼题一首代言诗。

何谓代言诗？

就是一提起泰山，你马上会吟出杜甫的"会当凌绝顶，一览众山小"；

一说到滕王阁，你脑海中立刻浮现王勃的"落霞与孤鹜齐飞，秋水共长天一色"；

再过三百年，人们登上岳阳楼，都会想起范仲淹的"先天下之忧而忧，后天下之乐而乐"。

李白要的就是这个效果。

要么不写，要写就写到极致，写到让后人下不了笔。

怀着这样的目标，李白自信满满地登上了黄鹤楼，闻讯而来的粉丝们早就备好了上等的笔墨纸砚，就等着围观偶像挥洒神作了。

（二）

李白却不着急，慢慢踱到了黄鹤楼的题诗壁前。

嗯，先来看看别人都是什么路数。

首先映入眼帘的是这么一首：

> 汉广不分天，舟移杳若仙。
>
> 秋虹映晚日，江鹤弄晴烟。

署名：宋之问。

写得还算朗朗上口，但是没有任何思想情感嘛。

接下来是这样一首：

> 城下沧浪水，江边黄鹤楼。
>
> 朱阑将粉堞，江水映悠悠。

署名：王维。

哈，是那个一出道运气就好到爆的小子写的。诗如其人，太淡了，没余味……

李白边看，边不停摇头："呵呵，不是我瞧不起各位，今天一过，这面墙可以刷掉了。"

点评至此，方欲转身提笔，角落处，又一首诗映入眼帘：

昔人已乘黄鹤去，此地空余黄鹤楼。

黄鹤一去不复返，白云千载空悠悠。

晴川历历汉阳树，芳草萋萋鹦鹉洲。

日暮乡关何处是，烟波江上使人愁。

不得了。

这首诗前两联民歌风味浓郁，景到言到，语如联珠，且气韵连贯，犹如行云流水。读来使人有"手挥五弦，目送飞鸿"之感，实在太流畅，太自然了！

而后两联呢，对仗工整，音律谐美，描摹景色，历历如画。结尾更匠心独运，以"乡关何处是"叹问人生的终极归宿，气格高远，余韵悠长。

牛！实在太牛了！挑不出一点毛病来。

李白读完，登时就定住了：

"这是谁把本人的千古大作提前给写了出来？！"

（三）

这首诗的作者叫崔颢。

他笔下的这首《黄鹤楼》，后来被宋代诗评家严羽评为：

"唐人七言律诗，当以崔颢《黄鹤楼》为第一。"

大家想想看，这可是在牛人无数，佳作如云的唐朝啊！能评上七言律诗第一，是什么分量。

比严羽的评价更具说服力的，是李白当时的反应。

据元代《唐才子传》记载，李白读罢这首诗后，长叹一声，掷笔而去：

眼前有景道不得，崔颢题诗在上头！

当然，这极可能是小说家戏言，未必可信。但不可否认的是，这首神作的确给李白留下了不可磨灭的心理阴影。

想想自己当年夸下的那些海口，什么"日试万言，倚马可待"，什么"兴酣落笔摇五岳，诗成笑傲凌沧洲"，在这首诗面前，全都碎成了渣……

好吧，黄鹤楼是没法写了。

为了不让粉丝们白跑一趟，那就写写江心的鹦鹉洲吧：

鹦鹉洲

鹦鹉来过吴江水，江上洲传鹦鹉名。

鹦鹉西飞陇山去，芳洲之树何青青。

烟开兰叶香风暖，岸夹桃花锦浪生。

迁客此时徒极目，长洲孤月向谁明。

不好意思，崔颢。

你的诗写得太绝了，就算我不擅长七律，也忍不住要模仿一把。

虽然我是李大哥的超级脑残粉，但此时也忍不住想说一句：

"偶像，你的仿作比人家的原版，真的差了不是一点半点啊！"

（四）

我们李大哥是何其骄傲的人。

这一次拼不过，那就下一次。哥是不会认输的。

一转眼，到了天宝年间，李大哥从人生制高点供奉翰林的位置走下来，继续云游四海。

某一天，他登上了金陵古都的凤凰台。

凭吊历史，回看自身，想到自己身负大才却报国无门，李大哥顿觉满腔郁闷无处宣泄……

正要扭头去喝酒，忽而心中一动，黄鹤楼的前尘往事，又浮上心头：

这是一个绝地反杀的好机会啊——你写黄鹤楼，那我就写凤凰台！不压过你誓不罢休！

于是，就有了那首著名的七律《登金陵凤凰台》：

凤凰台上凤凰游，凤去台空江自流。

吴宫花草埋幽径，晋代衣冠成古丘。

三山半落青天外，二水中分白鹭洲。

总为浮云能蔽日，长安不见使人愁。

不得不说，这一次李大哥写得很走心。

上一首《鹦鹉洲》不敌崔颢的《黄鹤楼》，是毫无争议的。这篇虽然模仿的痕迹依然很明显，却已具备了一较高下的水准。

那么最终是否如李大哥所愿，一举压倒《黄鹤楼》了呢？

（五）

孰优孰劣，自己说了不算，还得看人民群众的口碑。

事实上，关于这两首诗的对比，自古至今，从没停止过。亮出我的底牌前，咱们先来看看前人都是怎么站队的。

除了前面的严羽直接盖棺定论，说《黄鹤楼》为唐人七律第一外，力挺崔颢的评论还有以下。

清人沈德潜在《唐诗别裁集》中说崔颢之诗：意得象先，神行语外，纵笔写去，遂擅千古之奇。

蘅塘退士选编的《唐诗三百首》也把《黄鹤楼》编排在七言律诗卷的第一首，成为七律"压卷之作"，而将李大哥的《登金陵凤凰台》放在第六首。明显认为崔诗更佳。

还有清初的吴昌祺在《删订唐诗解》中也点赞《黄鹤楼》说"千秋绝唱，何独李唐！"更说李白之作："起句失利，岂能比肩《黄鹤》？"

毒舌评论家金圣叹更是对李白此作大肆嘲讽，说李大哥当时就应该直接藏拙，不必仿作出丑。（哎呀，这嘴确实够毒……）

除此之外，也有不少人是两边都夸，谁都不得罪。

比如，宋末元初的方回，在《瀛奎律髓》中说两首诗："格律气势，未易甲乙。"

南宋刘克庄也说："真敌手棋也！"

都是说双方棋逢对手，不相伯仲。

为《李太白全集》做注的清人王琦，也跟着和稀泥，说什么"调当让崔，格则逊李"。

说了这么多，那有没有人力挺我们李大哥呢？

也是有的。

比如，明人瞿佑就旗帜鲜明地站队李大哥：认为《凤凰台》远超《黄鹤楼》，如同诸葛亮之才能十倍于曹丕！还给出了支撑自己观点的论据，认为胜负主要取决于结尾两句——李白结尾的"爱君忧国之思"，远胜崔颢结尾一身一己的"乡关之念"。

现代学者施蛰存老师也持相同意见，从思想高度、格律严谨、章法句式等逐一论证，得出李白之作是青出于蓝而胜于蓝的结论。

（六）

好了，说了这么多，该我亮牌了。

其实在我眼里，两首同为登临怀古的双璧，都是一流作品。清代《唐宋诗醇》的说法深得我心：

"崔诗直举胸情，气体高浑；白诗寓目山河，别有怀抱。其言皆从心而发，即景而成，意象偶同，胜境各擅。"

但是如同前面所讲，做中间派比较没意思。

所以，如果非要较出个高低之分的话，那么对不住李大哥，我要把手里的这张票投给《黄鹤楼》。（再次声明，我是李大哥的真爱粉！真爱粉！）

为什么投给《黄鹤楼》呢？

首先，在通篇浑成、朗朗上口这点上，毫无疑问是《黄鹤楼》胜出，从人民群众的传唱程度来看，就可以简单粗暴地得出结论。

可能有人没听过李白的《凤凰台》，但几乎无人不晓《黄鹤楼》。

再者，我不认同前人所述的：李白结尾的"爱君忧国之思"境界高于崔颢结尾的"一己乡关之念"。

在这点上，我和学者张立华先生持相同看法：

崔诗结尾其实并非简单的"乡关之念"，而是以"乡关"比喻人生的归宿——生活的归宿、思想的归宿、灵魂的归宿，可以说是人人都要面对的一个终极哲学命题。

这也是为什么《黄鹤楼》最后一句会特别触动人心的原因——漫漫人生路，谁不曾叩问过自己人生的归宿在何处？

而且退一步讲，就算崔诗抒发的仅为单纯的乡关之愁，怎么就比爱君忧国之愁低一等了呢？

一家不思何以思天下？

每个人都有乡愁，却不一定每个人都有李大哥那样高远的用世之心。

一言以蔽之，不论崔颢结尾抒发的是人生归宿之问还是单纯的乡关之念，都比李白之诗更易引发共鸣，拥有更广泛的群众基础。

这一点，毋庸置疑。

所以综合来讲，虽然李白这首七律亦不失为佳篇杰作，但在人民群众的口碑中，崔诗整体上还是以压倒性的优势胜出。

（七）

不过，喜欢李大哥的朋友们也别失落。

其实李白和崔颢还有过一次暗战，而且我们李大哥还轻而易举地获胜了！

那一次，他们比拼的是五言古诗。

哼，七律写不过你，古风可是哥的拿手戏。

就这样，崔颢写了描绘采莲女子与青年男子偶然相识、（可能）相恋的《长干曲四首》：

> 君家何处住？妾住在横塘。
> 停船暂借问，或恐是同乡。
> 家临九江水，来去九江侧。
> 同是长干人，自小不相识。
> 下渚多风浪，莲舟渐觉稀。
> 那能不相待？独自逆潮归。
> 三江潮水急，五湖风浪涌。
> 由来花性轻，莫畏莲舟重。

李白便紧随其后，写了男女主从小是邻居、手拉手一起长大版的《长干行》：

> 妾发初覆额，折花门前剧。
> 郎骑竹马来，绕床弄青梅。

同居长干里，两小无嫌猜。

十四为君妇，羞颜未尝开。

低头向暗壁，千唤不一回。

十五始展眉，愿同尘与灰。

常存抱柱信，岂上望夫台。

十六君远行，瞿塘滟滪堆。

……

李大哥这篇比较长（写自己擅长的体裁就刹不住车啊），所以我只节选了上半部分，不过就这样，战况也已经很明显了。

毫无疑问，李大哥完胜！

原因很简单，没有这首《长干行》，哪来的"青梅竹马""两小无猜"这么美好的成语？

（八）

通过以上分析，我们不难看出，李白真的是一个相当好学的人。对好的作品极其敏感，读到后会第一时间学习、消化，然后化为己用。由此可见，李大哥能够傲视群雄，站在唐诗之巅，绝不仅仅只是靠天赋，其背后的努力和勤奋同样不可或缺。

但我们也必须承认，即使天才如李白、好学如李白，也不是全能的。

第一场较量，李白之所以会败给崔颢，在我看来，很大一层因素在于李白的性情与天赋本就不适合写七律。

大家都知道李大哥为人狂放恣意、性情洒脱，最向往自由自在，受不得半点拘束，不然也不会好好的待诏翰林说不做就不做了。

这样的性情去写七律，太束缚太不尽兴了！

因为七律是对字数句数、平仄押韵、粘合对仗等，要求限制非常严格的一种诗体。

让李白写七律，就像把雄鹰关进笼子里，扑腾不开啊！所以其一生流传下来的诗歌虽有近千首，七律却不超十首。

清人所编的《李诗直解》中就曾说："太白诗任侠豪放，不拘法律。五言近体尚多合作，至七言律诗则似古非古，似律非律。即其佳作如《凤凰台》《鹦鹉洲》，亦不得入为正声也。"

李大哥最擅长的，还是古体诗。比如像《长干行》这样的五言古诗，就可轻松胜出。因为五言古诗没有一定的格律，不限长短，不讲平仄，用韵也相当自由。

正合李白的胃口。

再想想李大哥的代表作《蜀道难》《梦游天姥吟留别》之类，无不都是句式参差错落、长短自由、不拘一格的古风体裁。

这样的诗体，才最适合李大哥喷薄而出、一泻千里的敏捷诗才啊！

我常想，当李白喝着酒，划着拳，轻轻松松挥洒出巅峰之作《将进酒》时，有没有瞬间顿悟，仰天长啸：

"哥跟人家拼什么七律啊，古风才是哥的绝杀技好吗？！"

李白番外篇 *1*

为何我总爱望向那片月

（一）

不知道大家发现没有，一提起李白，一般人印象最深的，总是他"超越常人"的那部分。

比如有才傲娇——什么国忠捧砚，力士脱靴，玄宗亲手给盛饭，喝高了皇帝也叫不动（天子呼来不上船）。

再比如土豪任性——好好的工作说辞就辞（翰林待诏），一辈子正经上班的时间也就两三年，却整天五花马，千金裘，好像从来不差钱。

还永远潇洒自在，无牵无挂——什么说走就走的旅行，对李大哥来说那就是日常标配，一年到头不是在外面耍，就是在出去耍的路上……

啧啧，这么爽的人生，感觉也是没谁了。

所以一说起这位李大哥，人人心底都有一句呐喊：如果能重来，我要做李白！

可问题是：一千年前真实的李白，真如我们想象得这般无忧无虑、随心所欲吗？

不好意思，我又要来打破大家对偶像的幻想了。

因为当我对李白了解得越多，就越发现，一直以来，我们太过于神化李大哥的这些仙人特质了，完全忽略掉了他身上的烟火气息。

其实，李白也和我们普通人一样，烦恼忧愁样样有——比如，漂泊在外、孤独寂寞冷时，他也常会哭唧唧地想家。

是的，你没看错。李白也会想家，因为他终究是人不是仙。

（二）

李白最后一次望见故乡的明月，是在二十四岁的那个秋天。

当时的他风华正茂，文能"作赋凌相如"，武可"杀人都市中"，还跟着身为纵横家的名师赵蕤，学了一身的治国经略之术。

嗯，装备已齐，是时候去外面的世界看看了。

峨眉山月歌

峨眉山月半轮秋，影入平羌江水流。
夜发清溪向三峡，思君不见下渝州。

在一个月色清冷的秋夜，年轻的李大哥告别亲友，独自乘舟出峡。

乍离故乡，未免依依不舍，李白回首西望，只见高峻的峨眉山顶衔着一轮弯弯的秋月，月色铺展在水中，随江迤逦向东，与自己一路相伴。

江行见月，如见亲朋。

李大哥伤感怅惘的脸上，顿时浮上一抹暖暖的笑：等着我呀故乡的月，很快我就会衣锦还乡的。

（三）

可惜，很快李白就发现，外面的世界很精彩，外面的世界也很无奈。

自己出川后四处拜访达官贵人，却"十谒朱门九不开"，所带的万贯家财也因为大手大脚、随意施舍而很快散尽。酒肆歌坊间结交的江湖朋友一下子都不见了踪影。

独在异乡的李白，开始饱尝世态炎凉、人情冷暖。

偏偏此时他又大病一场，贫病交攻加举目无亲，差一点就命丧他乡。

你说这种时候，叫你你想不想家？

秋夕旅怀

凉风度秋海，吹我乡思飞。

连山去无际，流水何时归。

目极浮云色，心断明月晖。

芳草歇柔艳，白露催寒衣。

梦长银汉落，觉罢天星稀。

含悲想旧国，泣下谁能挥。

时间过得真快啊，不知不觉又是一个秋天，转眼间自己离家已经两年了。

秋风吹过海面，吹来了寒意，更吹起了我的乡思。可故乡远隔云山万重，拖着病体向西遥望，除了连绵无际的山峦什么也看不到，流水不停奔腾，何时才能带我回到故里啊……

除了这首大家不怎么熟悉的《秋夕旅怀》，这期间李白写的思乡诗中，还有大名鼎鼎、堪称万千华人熟知的《静夜思》：

　　　床前明月光，疑是地上霜。
　　　举头望明月，低头思故乡。

是啊，夜深人静，月光满地，叫人如何不想家？

同期写给师父赵蕤的信中，也是浓得化不开的思乡情，什么"国门遥天外，乡路远山隔"，什么"故人不可见，幽梦谁与适"……

如此高频度的思乡诗，不难看出当时病卧异乡的李大哥想家想到什么程度。

可是光阴飞逝而功名未就，再想也不能回啊！

（四）

三年后，已在湖北安陆结婚安家的李白，在地方上的干谒奔走依然毫无成效，为了心中的理想，他不得不北上长安求职。

到长安后，他"历抵卿相"，压着自己的傲气到各个王公贵族府上投诗文、递简历，却依然是处处碰壁一头包。

为了排遣壮志难酬的郁闷之情，离开长安后他四处漫游，来到了东都洛阳。

一个春风怡人的夜晚，喧嚣了一天的洛阳城随着夜幕四合而归于静寂。李白独自一人在客栈里，伴着孤灯，喝着寡酒，盘算着未来的出路。

忽然，远远地有笛声飘来。

静夜里，这笛声是如此凄清、婉转，随着春风吹遍了整个洛城。

李大哥不由得闻声而起，倚窗独立，望向窗外的一轮明月。因为他听出来了，这笛子吹奏的乃是一支思乡怀家的《折杨柳》。

在清悠绵长的笛声中，李白想起了自己出川的那个夜晚，夜空中也是这样的一轮明月，千里照离人。

一转眼，居然十年过去了，故乡的一切都还好吗？

今夜，峨眉的山月，是否也这样皎洁地照着家乡和亲人？

……

想到这里，李白再也抑制不住内心的伤感之情，提笔在月光下写就一首动人的《春夜洛城闻笛》：

> 谁家玉笛暗飞声，散入春风满洛城。
>
> 此夜曲中闻折柳，何人不起故园情。

再等等我呀，故乡的山水明月。我一定会成功的，咱们到时见！

（五）

终于，功夫不负有心人。

四十二岁那年，李大哥在玉真公主、贺知章等人的举荐下，奉诏入京，一步登天，走到了玄宗跟前。

　　可惜，一切荣光不过是昙花一现，此时的玄宗早已不是当初励精图治的明君，而他也从未把李白看作是"济苍生，安社稷"的庙堂之才，君臣之间只谈风月、不涉国事。

　　于是，不到三年，一个傲娇裸辞，一个顺水推舟，李大哥就这样被赐金放还了。

　　一下子从御用文人跌落到社会最底层，李大哥的心理落差我们不难想象。然而最令他痛苦的不是一切又回到了原点，而是从宫廷出来后，自己还能往哪个方向努力？

　　迷茫之中，他又开始了第二次长期漫游。表面上看是纵情山水，好不惬意，可背后的孤独、苦闷和忧伤，又有谁人能解？

　　这一时期，旅途中的猩鸣猿啼，常会催发他强烈的思归之情：

・清猿断人肠，游子思故乡。

・向晚猩猩啼，空悲远游子。

・故乡不可见，肠断正西看。

……

　　其中，最触动人心的，还当属那首字字啼血的《宣城见杜鹃花》：

蜀国曾闻子规鸟，宣城还见杜鹃花。
一叫一回肠一断，三春三月忆三巴。

此时的李白已五十五岁，从二十四岁"仗剑去国，辞亲远游"，历经三十年的劳苦奔波，换来的却只有仕途失意和人生漂泊。

在宣城看到开得正艳的杜鹃花，他忽然想起了家乡的杜鹃鸟（子规鸟又名杜鹃）。

是啊，在家乡蜀中，每逢暮春时节杜鹃花开，子规鸟就会开始泣血啼叫呀！

想到这儿，李白不由得泪凝于睫，好像身边有无数只杜鹃鸟在环绕悲鸣：

不如归去，不如归去，不如归去……

可是如何归去呢？

自己本想功成名就再荣归故里，而如今人至暮年，却依然两手空空，出蜀时吹下的牛皮言犹在耳，又有何面目去见蜀中父老？

（六）

再之后，把无数诗人推入深坑的安史之乱爆发了。

一心想要借此建功立业的李大哥站错队、跟错人，因加入永王幕府而惨遭牢狱之灾，后来又被判长流夜郎。

后来万幸被赦还，归途中，李白在江夏与一位来自故乡的峨眉僧人相逢。

老乡见老乡，两眼泪汪汪。

得知蜀僧是应诏入京，送别之际，李白为这位同乡写下来了一首千古奇诗：

峨眉山月歌送蜀僧晏入中京

我在巴东三峡时，西看明月忆峨眉。
月出峨眉照沧海，与人万里长相随。
黄鹤楼前月华白，此中忽见峨眉客。
峨眉山月还送君，风吹西到长安陌。
长安大道横九天，峨眉山月照秦川。
黄金狮子乘高座，白玉麈尾谈重玄。
我似浮云殢吴越，君逢圣主游丹阙。
一振高名满帝都，归时还弄峨眉月。

为什么说这是一首千古奇诗呢？

大家来看，这首诗只有十六句，却从头到尾不断提及"峨眉"二字，什么"忆峨眉""月出峨眉""峨眉山月""峨眉客""峨眉月"……

在一首诗中，所咏之物如此高频率地反复出现，在李白诗集中，找不出第二例。

甚至，放大到整个中国诗歌史上，也可说是绝无仅有。

说它是奇诗，还在于这首诗的逻辑简直匪夷所思：

大家发现没，在这首诗里，李大哥霸道地认为，不管哪里的月亮，都是他们四川的峨眉山月。

他走到哪儿，故乡的明月就跟到哪儿——"与人万里长相随"。不仅照着他自己，还"照沧海""照秦川"，人家沧海和秦川的明月不应该是"沧海月""秦川月"吗？怎么会是你老家的"峨眉月"呢？

李白却不管，反正我们峨眉山月照全球，哥说是就是！

这首诗李大哥通篇没有一个字说想家，却是我眼里最催人泪下的思乡诗。

因为峨眉山月，就是李白一生一世的乡愁。

一振高名满帝都，归时还弄峨眉月——这诚然是他对家乡蜀僧的美好祝愿，但又何尝不是他对自我人生的期许和规划？

可惜，此时此刻，他知道自己实现理想的希望已然微乎其微，那魂牵梦绕的故土也可能万难再回……

回首崎岖人生路，永远陪在自己身边的，就只有头顶的这一轮"峨眉山月"啊！

在李白心中，它早已是故乡和亲人的代名词。

这之后不久，李白病逝安徽当涂。终其一生，他没能回到故乡，再看一眼心心念念的峨眉月。

（七）

今人不见古时月，今月曾经照古人。
古人今人若流水，共看明月皆如此。

如今，当我们抬首望月，想到千年前的李白就是在这同一轮明月下乡思戚戚，写下那些动人诗篇，我们的目光怎能不为之柔软，我们的内心又如何不为之泛起阵阵涟漪：

明月啊，谢谢你曾陪伴着那个漂泊终生的游子，给他以温暖和慰藉。

李白番外篇
2

对不起，我不是一个好爸爸

（一）

唐，天宝七年（748 年）。

东鲁兖州。

正值暮春时节，和风吹柳绿，暖日映花红。

一幢临街的酒楼前酒旗飘扬，车来人往。楼东一株桃树倚窗怒放，灼灼其华。

不多时，楼内转出一个十三四岁的少女，高鼻深目，神清骨秀。正当喜乐无忧之年，其眉宇间却颇有惆怅之色。

只见她行至桃树下，折下一截开得正旺的花枝，而后倚树望远，湛湛有神的双目热切地望着大路以南，似乎是在等候什么人。

红日西沉，她期盼的人一直没有出现。

大路上，一对到田野中耍放纸鸢的父子兴尽而归，谈笑往还，父亲边走边爱怜地帮手舞足蹈的孩子整理着散乱的发髻。

少女眼神中闪过一丝艳羡，而后垂首，眼泪簌簌落下，手中的桃花被打湿，愈发娇艳。

此时，楼中又转出一个少年，与少女约略齐肩，然稚气未脱，显是更为年幼。他行至少女身旁，不置一语，缓缓低下头，也哭了。

夕阳送来霞光万丈，两个人在一树繁花下相对而泣。

（二）

此时，在金陵，一个四十多岁的中年男子正舟行江上。

清风徐徐，两岸的桑麻一片新绿，他却眉头紧蹙，无心赏看。

须臾，他从行装中抽出笔墨素帛，开始纵意挥毫，然笔势凌乱，可见其心中烦忧：

> 吴地桑叶绿，吴蚕已三眠。
> 我家寄东鲁，谁种龟阴田？
> 春事已不及，江行复茫然。
> 南风吹归心，飞堕酒楼前。
> 楼东一株桃，枝叶拂青烟。
> 此树我所种，别来向三年。
> 桃今与楼齐，我行尚未旋。

吴地的桑叶又绿了，吴地的蚕儿已三眠。我的家远在东鲁，家中的田地有谁劳作？一年的春耕又成空，望着森森江水，我的心中一片茫然。

多希望南风能吹起我的归心，飞送到家中的酒楼前。我家楼东有桃树一株，枝条高耸，上拂青云。此树是我临行所种，如今一别三年；树当与酒楼齐高，我却仍未还家……

写到这里，中年人思及留守在东鲁家中的一双儿女，心下大恸。再动笔，手已微微颤抖：

> 娇女字平阳，折花倚桃边。

折花不见我，泪下如流泉。

小儿名伯禽，与姊亦齐肩。

双行桃树下，抚背复谁怜？

念此失次第，肝肠日忧煎。

裂素写远意，因之汶阳川。

　　我的宝贝女儿名叫平阳，手折花朵倚在桃树边盼我归家。折下桃花却等不到我，泪下如流泉。我的小儿名伯禽，个头该和姐姐一样高了，姐弟俩并行在桃树下，双双落泪。

　　母亲早已去世，父亲远游在外，又有谁会来抚背爱怜他们呢？

　　想到这里我不由方寸大乱，肝肠忧煎。只能撕片素帛写下这份挂念，寄给远在汶阳川的儿女。

　　一诗题罢，中年人不禁迎风洒泪；江中来往穿梭的船只，岸上碧绿的桑田，渐行模糊。

（三）

　　中年男子名李白。

　　正是文首那一双儿女日夕思念、苦苦等候的父亲。

　　上面那首用语平易却悸动人心的诗作，叫作《寄东鲁二稚子》。

　　人人都知道，李白是四川人，出川后于湖北安陆娶妻生子。如今又怎会将家庭子女置于东鲁，且一去三年而不顾呢？

　　这又要从将近二十年前说起。

　　李白自二十四岁出川，漫游至二十七岁仍功名无着。家财散尽后于湖北安陆迎娶了相门之女许小姐。

许相公家见招，妻以孙女，便憩于此，至移三霜焉。——《上安州裴长史书》

此后，他在安陆度过了十年家庭时光。

十年间他不断向湖北各地官员上书干谒，均告失败。后更曾东游吴越，南泛洞庭；一边漫游大好山河，一遍寻求仕进之路，结果仍一无所获。

在诗中，他概括这段时间是"酒隐安陆，蹉跎十年"。

然纵观李白一生历程，其出川后最平稳、最幸福的日子，其实恰是这十年时光。

政治上的不遇他终生都没能摆脱，但此时期他最起码有一个温暖的家，有知冷知热的妻子和一双可爱儿女。

可惜婚后十年，妻子许氏不幸早逝。

李白本就是入赘妻家，妻子去世则更显寄人篱下。且从其诗文中可知，由于性格上的傲岸不羁与坦荡无遮，他为安陆当地许多官员所不容，似乎颇得罪了一些人。

种种因素，都迫使他不得不迁居他乡。

李白就此携一双儿女，移家东鲁兖州。此地为孔子故乡，境内既辖曲阜，又涵泰山，乃儒家学说的发源地。

素来抱负远大的李白，或许觉得儒家圣地可成为自己实现政治理想的新起点。

（四）

后来，李白果然在东鲁得偿所愿，奉诏入京。

收到诏书后，他从与孔巢父等山东名士一起隐居的徂徕山返回家中，激情洋溢地写下了这首《南陵别儿童入京》：

> 白酒新熟山中归，黄鸡啄黍秋正肥。
> 呼童烹鸡酌白酒，儿女嬉笑牵人衣。
> 高歌取醉欲自慰，起舞落日争光辉。
> 游说万乘苦不早，著鞭跨马涉远道。
> 会稽愚妇轻买臣，余亦辞家西入秦。
> 仰天大笑出门去，我辈岂是蓬蒿人。

此诗一说作于东鲁，曲阜南有陵城村，人称南陵；一说作于安徽省南陵县。作为一个山东人，此时我必须厚颜无耻地置学术精神于不顾，义不容辞站队东鲁（正经脸）。

从"呼童烹鸡酌白酒，儿女嬉笑牵人衣"一句，可见当时他的一双儿女年纪尚小，并不知父亲即将远游，见其归来，兴高采烈相迎，牵着李白的衣角嬉笑亲昵，乐不可支。

此后李白入京一去两年，一双幼儿谁人照应？

这个问题，与李白同时代的一位铁杆粉丝魏万或许能够给我们答案。

此人因爱慕李白之才，曾跨越万水千山追寻偶像，相逢后二人一见如故，同游数月，遂成忘年之交。

李白更将生平所有诗文交付与他，托其编订成集。后来魏万果然践行，并在诗集序文中，留下了很多有关李白生平的第一手资料。

比如，从中我们可得知，李白移家东鲁后，曾与一位山东妇人共同生活过，且生下一子名曰颇黎。

不难想象，子女年幼，李白却能放心西去，正是因为有这位妇人帮助照料。

及至后来，也许是因为聚少离多，也许是因为李白被赐金放还、仕途失势，这位妇人最终带着儿子颇黎与李白分道扬镳。

此后，在李白写给子女的诗中，都只见平阳、伯禽，未见颇黎。

（五）

两年后，李白辞却翰林待诏，曾折返东鲁与子女团聚，并用玄宗赏赐的金银购置田产酒楼，以图生计。（与迷弟杜甫携手邀游就是这段时间）

然而，作为一个被诗歌之神选中的人，注定李白将无法以凡人自持。

于是很快，他又开始南下漫游，寻求新的政治机遇。

迄今所存李白笔涉子女的全部诗篇，都出自这之后。

从前在湖北安陆，虽然他也曾多次离家漫游，但孩子有母亲与族人照料，何须挂怀。后虽移家东鲁，自己又西入长安，然毕竟是飞黄腾达之际，想必那位继母也不至亏待其儿女。

如今，一切都不同了。

此次离家，我们相信李白也一定委托了在鲁地最可信任之人照拂儿女，但毕竟不是家人，与从前不可同日而语。

此后的漫游中，李白便常常流露出对一双儿女的深切牵挂：

我固侯门士，谬登圣主筵。

一辞金华殿，蹭蹬长江边。

二子鲁门东，别来已经年。

因君此中去，不觉泪如泉。

——《送杨燕之东鲁》

离别子女一年后，因有朋友要去东鲁，李白写诗送别，由此想到自己的一双儿女，禁不住泪流如泉。

到离家三载时，牵挂之情更甚，除了前文提及的《寄东鲁二稚子》，李白又委托前往东鲁的友人代为探望：

我家寄在沙丘傍，三年不归空断肠。

君行既识伯禽子，应驾小车骑白羊。

——《送萧三十一之鲁中兼问稚子伯禽》

我家寄居在东鲁沙丘旁，三年未回，一想起来就心碎肠断。君是见过我的孩儿伯禽的，回到东鲁还请去看看他，这小子现在应该能骑着白羊驾着小车到处溜达了吧。

（六）

再后来，安史之乱爆发，李白的一双儿女仍在东鲁。

爱子隔东鲁，空悲断肠猿。

林回弃白璧，千里阻同奔。

此期间，他的一位江湖门人武鄂，曾主动请缨要到东鲁帮他接应孩子：

> 门人武谔，深于义者也。……闻中原作难，西来访余。余爱子伯禽在鲁，许将冒胡兵以致之，酒酣感激援笔而赠。

可惜，兵荒马乱中并没有接应成功。

直到李白五十多岁，因投奔永王而落狱浔阳时，其子女依旧滞留东鲁。有其在狱中所做诗篇可证：

> 穆陵关北愁爱子，豫章天南隔老妻。
>
> 一门骨肉散百草，遇难不复相提携。
>
> ——《万愤词投魏郎中》

意思是，自己身遭大难而孩子们还远在山东，妻子隔在江南（第二任妻子宗氏），一家人分离星散，无法互相扶助……

在狱中所作的另一首求救诗里，也说自己"星离一门，草掷二孩"。

万幸的是，后来李白遇赦放还，彼时安史之乱也已平定，子女终得赶来团聚。在其去世前一年，曾有诗篇提及：

> 醉罢弄归月，遥欣稚子迎。

意思是说自己大醉后乘着月色回家，远远看见儿子在门前等候，心中大感欢慰。

（七）

父子相聚次年，李白于当涂去世。

那么此后平阳与伯禽境遇如何呢？

平阳的结局比较明确，在铁杆粉丝魏万为李白所编的诗集序言中，有所交代：

> 女既嫁而卒。

平阳出嫁不久后就去世了。伯禽的情况则要周折一些。

唐宪宗元和十二年（817年），李白去世后五十五年。

这一年，安徽来了一位叫范传正的官员，此人在整理其父所留诗篇时，发现自己父亲居然与李白颇有交情，还曾一起在浔阳把酒夜宴。

范传正读到后十分感慨，深感自己应该为这位伟大的诗人做些什么。于是便开始寻访李白后人，一直找了三四年，终于找到了李白的两个孙女——也就是伯禽的两个女儿。

彼时，这两个孙女都已嫁与当涂本地农人。范传正与其交谈中，发现她们虽已是农妇打扮、衣着朴素，但仍进退有据，举止娴雅，颇见其祖父风范。

> 相见与语，衣服村落，形容朴野，而进退闲雅，应对详谛，且祖德如在，儒风宛然。
>
> ——范传正《唐左拾遗翰林学士李公新墓碑并序》

范传正向二人问起家世身道，才知道伯禽早已去世，姐妹俩还有一个兄长，外出云游十几年了，不知所终。

> 父伯禽，以贞元八年不禄而卒，有兄一人，出游一十二年，不知所在。

父亲伯禽在世时只是一介布衣百姓，故而她们也只能嫁与当地农夫，并无田地，以桑蚕谋生，生活十分困窘。但以她们当前的身份、境况，又实在羞于向当地官员求告，担心辱没了祖上声誉。如今因官员寻访，在乡间逼迫下，才不得不忍耻来告。

"父存无官，父殁为民，有兄不相保，为天下之穷人。无桑以自蚕，非不知机杼；无田以自力，非不知稼穑。……久不敢闻于县官，惧辱祖考。乡间逼迫，忍耻来告。"言讫泪下，余亦对之泫然。

两姐妹言罢纷纷泪下，范传正听了也十分难过，问姐妹俩有什么要求，自己可尽力帮扶。

姐妹两个说祖父李白葬在当涂的龙山，但他生前一直非常喜欢另外一座青山，因为那座山是他最喜欢的诗人谢脁曾经读书的地方。她们希望能满足祖父生前所愿，将其移葬青山。

之后，在范传正主持下，李白墓迁葬到青山脚下。

范传正因十分同情这两个孙女，便想帮她们改嫁到士族人家。没想到，两个孙女一口否决。

告二女，将改适于士族。皆曰："夫妻之道命也，亦分也。在孤穷既失身于下俚，仗威力乃求援于他门。生纵偷安，死何面目见大父于地下？欲败其类，所不忍闻。"余亦嘉之，不夺其志，复共税免徭役而已。

她们说夫妻之道乃天命所致，既已在落魄之时嫁给农夫，如今又怎能仗着官威改嫁他门。否则，将来有何面目去见九泉之下的祖父呢？范传正听罢很是感动，就为他们免除了一些赋税徭役，减轻其生活负担。

再之后，李白去世八十年时，有个名叫裴敬的后人前来当涂拜谒凭吊，当地人告诉他说，李白的孙女已有五六年没来扫墓了，可能也已去世。

（八）

故事讲到这里，本该结束了，我却一再忍不住自问：

为什么我要写这样一篇文章？它平淡无趣，且又无助于李白的光彩与伟大。

难道是为了黑李白？告诉大家他是一个多么不称职的父亲？

不是的。

我知道天才并非完人，甚至越是天才，越有大缺陷。

李白是不世出的天才诗人，同时也是不够尽责的父亲，这毋庸置疑，也无须回避与遮掩。

可是我不想，也没有资格站在上帝视角去批判什么，那是他的生活和选择，他也承受了与之对应的痛苦与代价。

想来想去，促使我下笔的其实是以下几句诗：

> 娇女字平阳，折花倚桃边。
> 折花不见我，泪下如流泉。
> 小儿名伯禽，与姊亦齐肩。
> 双行桃树下，抚背复谁怜？

这四十个字，如同一帧帧的电影画面，自从读到便深深地萦绕在我的脑海里，挥之不去。

隔着千年时空，那个桃树下折花流泪的少女，那个与姊齐肩、相向而泣的少年，是如此的清晰与真实，以至常常在某个静寂的时刻触痛着我的心灵。

让我觉得除了垂泪与叹息外，一定还要做点什么。

然而，又能做点什么呢？

或许也只能写下这些文字，寄托一份郁结已久的祈愿：

我是多么深深地、深深地期盼，当李白不在身边的日子里，他的子女曾被这个世界温柔以待啊。

周公子每期一问

白居易番外篇

在我心中，一直有个她

（一）

元和二年（807 年），白居易正任职盩厔县尉。

某日，他于野外瞥见一株含苞待放的蔷薇，煞是喜爱，遂将其移植到自己的住所庭前。

栽植停当后，白大人顺手拍了张照，更新了条微博：

戏题新栽蔷薇

移根易地莫憔悴，野外庭前一种春。

少府无妻春寂寞，花开将尔当夫人。

花儿呀花儿，把你移植到我家你可别伤心，不论野外还是庭前都是一样的春天，少府我到现在还是个单身汉，就等你开花做我媳妇儿啦！

不承想，这条状态一出，瞬间就上了热搜榜。全国的女青年都沸腾了，恨嫁的留言潮水般汹涌：

"天哪！偶像居然还单身！要什么花儿当老婆！让我来！"

"乐天，我家就在盩厔，有房有车，明天咱们就去扯证吧！"

有些入戏太深的女粉丝，甚至直接在留言区开撕：

"看你头像就是钢铁女汉子，老娘这种窈窕淑女才最配乐天好不好！"

……

太疯狂了。

白居易苦笑着摇摇头，默默地关了机。

此时的白居易，虽官职不高，但在诗坛已是红到发紫、风头无两的中唐一哥——因为，就在前一年，他刚写出了有唐以来最牛的长篇叙事诗《长恨歌》。

这是一首现象级的诗歌。

一夜之间，全国的痴男怨女都改了网络签名，热恋的全是"在天愿作比翼鸟，在地愿为连理枝"，失恋的则清一水"天长地久有时尽，此恨绵绵无绝期"。

当然，白居易本人，也凭借这首荡气回肠的爱情诗，一举成为大唐所有待嫁女青年的梦中情人。

（二）

这一年，白居易三十六岁，依然单身。

这太不正常了。

古代没有晚婚晚育这一说，苏轼不到二十岁就结婚了，李白杜甫晚一些，也没超过三十岁。

就算到了 21 世纪的今天，过了二十五岁没对象，回家过年都是件压力山大的事儿。可以想见，在法定婚龄十几岁的唐代，白居易得被七大姑八大姨催成什么鬼样子……

（唐代法令规定：男十五，女十三当婚。）

按说老白有才有权，颜值也不低，就算称不上钻石王老五，在当时的婚恋市场也绝对是抢手货，这样一个大好青年，怎么会一直是单身汉呢？

用脚趾头想也知道，其中必有蹊跷。

依我对两性关系极其有限的认知来说，所有大龄未婚者基本无外乎两种情况：

一、条件好，眼眶高，匹配不到中意的。（反之，条件太差也一样）

二、心里有人，放不下。

第一种相对好办些。

调整心态，认清自我，适当降低标准或提高个人竞争力，基本上问题也就解决了。

第二种就难多了。

谈过恋爱的都知道，心里装进去一个人，有时只是一瞬间的事儿，想要把他或她赶出来，却往往要耗上一辈子。

偏偏老白同学就是第二种。

（三）

让我们一起把时光倒回到二十五年前。

这一年，十一岁的白居易，为避家乡战乱，随家人迁居到父亲的任官所在地——徐州符离（此地今为安徽宿州符离镇，唐代属河南道徐州所辖）。

在这里，他认识了一个比自己小四岁的邻家女孩儿，名为湘灵。

小姑娘聪颖可爱，活泼外向，还略通音律，与少年白居易十分投缘。

这之后，他们的关系完全可说是李白《长干行》开头的现实版：

妾发初覆额，折花门前剧。
郎骑竹马来，绕床弄青梅。
同居长干里，两小无嫌猜。

白居易常教湘灵识字、读诗，湘灵则为他弹奏琵琶、讲述村野趣事。他们偕同玩耍，朝夕不离，是彼此最好的朋友。

慢慢地，随着年龄增长，两个人的感情自然而然地从"两小无猜"过渡到了"两情相悦"。

到白居易十九岁那年，十五岁的湘灵在他眼中已是亭亭玉立胜天仙：

邻女

娉婷十五胜天仙，白日嫦娥旱地莲。
何处闲教鹦鹉语，碧纱窗下绣床前。

可惜，当他们感情产生变化的那一刻，也就意味着一段悲剧被开启。

（四）

唐代十分看重门第，官宦之家结亲，首选"五姓七望"。

传说唐文宗给自己的太子物色太子妃时，相中了宰相郑覃的孙女。可郑宰相却毫不稀罕，转头就把孙女嫁给了一个九品小官儿崔皋。

原因就是郑家与崔家都属"五姓"士族，是真正的门当户对。

唐文宗虽然内伤得要死，也只能硬憋着。因为在唐人眼里，"五姓七望"就是比皇族还尊贵，当时有句传得很广的顺口溜叫作：崔家丑女不愁嫁，皇家公主嫁却愁。

白居易家虽不在五大望族之列，却也算书香门第的官宦人家，而湘灵却只是普通的平民之女。

在当时，超越门第和身份的爱情并非没有，但无一例外，他们都会被阻拦在婚姻的大门外。

毕竟，能娶到一个高门贵族之女，不仅说出去有面子，还能大大助力仕途，何乐而不为？

任何年代，现实的人总是占多数。

比如，其中的典型代表就有白居易后来的死党元稹——为了自己的远大前途，对表妹始乱终弃不说，还写了篇《莺莺传》，把分手的责任都推到人家妹子身上，啊呸！

但我们的老白不一样，他是真心实意想娶湘灵。

（五）

爱一个人，是藏不住的。

很快，白居易老妈就察觉出了异样，于是毫无悬念地开始棒打鸳鸯。

贞元九年冬，二十二岁的白居易母命难违，跟随父亲前往襄阳。

爱情得不到父母的祝福，被迫与热恋的心上人分离，白居易心下凄苦，一路上每经高处，便忍不住在寒风中再三回首，热泪滚滚：

寄湘灵

泪眼凌寒冻不流，每经高处即回头。

遥知别后西楼上，应凭栏干独自愁。

真正彼此相爱的人，眼中从来没有自己。

就像此时的白居易，明明自己的心已经碎了一地，却一心牵挂惦念着独倚西楼、暗自心伤的湘灵。

旅途中，他夜夜孤枕难眠，洒泪成冰：

寒闺夜

夜半衾裯冷，孤眠懒未能。

笼香销尽火，巾泪滴成冰。

为惜影相伴，通宵不灭灯。

还没抵达襄阳，就开始期待着再相见的那一刻：

长相思

汴水流，泗水流，流到瓜洲古渡头。

吴山点点愁。

思悠悠，恨悠悠，恨到归时方始休。

月明人倚楼。

汴水长流，泗水长流，流到长江那古老的渡口；远远望去，江南的群山也似凝聚着无限哀愁；思念呀，怨恨呀，哪里才是尽头，除非归来与你相聚才会罢休……

一年后，其父卒于襄阳任上，白居易回到符离守丧三年。与湘灵别后再见，情意更甚，二人小心翼翼地躲避着白母，寻找一切机会偷偷相见。

而白母棒打鸳鸯的决心也是十分坚定，守丧期满后，又将白居易安排到江南的叔父家，为考取功名做准备。

到了江南，不论是西风乍起的九月，还是暖风熏人的二月，对白居易来说，思念湘灵是读书之外唯一的主题。

长相思

九月西风兴，月冷露华凝。

思君秋夜长，一夜魂九升。

二月东风来，草坼花心开。

思君春日迟，一日肠九回。

妾住洛桥北，君住洛桥南。

十五即相识，今年二十三。

有如女萝草，生在松之侧。

蔓短枝苦高，萦回上不得。

人言人有愿，愿至天必成。

愿作远方兽，步步比肩行。

愿作深山木，枝枝连理生。

当时，这对异地苦恋的情人，仍对未来抱有一丝幻想。认为白母之所以横加阻拦，或许只是担心白居易沉湎于儿女情长，误了科举功名。

由此白居易废寝忘食，不惜以牺牲健康为代价疯狂苦读。以期他日金榜题名时，亦能赢得洞房花烛夜。

（六）

功夫不负有心人。

二十九岁，白居易赴京赶考，一试而中。

三十二岁，他任职校书郎，在京城立足已稳，计划举家搬迁长安。于是回到符离向母亲恳求与湘灵成婚，却依然遭到无情拒绝。

婚事成空，白居易满怀伤痛与湘灵诀别，写下一首摧肝裂肺的《潜别离》：

不得哭，潜别离。不得语，暗相思。

两心之外无人知。

深笼夜锁独栖鸟，利剑春断连理枝。

河水虽浊有清日，乌头虽黑有白时。

惟有潜离与暗别，彼此甘心无后期。

而深知再无相见之日的湘灵，在分手之际，赠予白居易两件信物：

一面刻有双盘龙的铜镜，一双她亲手缝制的绣花锦履——就让它们替我永远陪伴着你吧！

这两件信物，后来白居易珍藏了一生。

这年秋天，身在长安的白居易，望着庭外随风飘零的落叶，想到将近三十岁的湘灵依然坚守未嫁，禁不住情思难抑，热泪横流：

感秋寄远

惆怅时节晚，两情千里同。

离忧不散处，庭树正秋风。

燕影动归翼，蕙香销故丛。

佳期与芳岁，牢落两成空。

年华似水而去，而终成眷属的愿望却依然遥不可及。明知希望渺茫，两个人却依然"两情千里同"地苦苦煎熬着。

转眼到了冬至，白居易因事宦游在外，夜宿邯郸驿舍，写下著名的《邯郸冬至夜思家》：

邯郸驿里逢冬至，抱膝灯前影伴身。

想得家中夜深坐，还应说着远行人。

很多人都很喜欢这首诗，简单朴素，却令每一个远行在外的人感同身受。

但也许大部分人不知道，在那个冬至夜，除了家人，白居易辗转难眠、深深思念的，还有一时不可遗忘的湘灵：

冬至夜怀湘灵

艳质无由见，寒衾不可亲。

何堪最长夜，俱作独眠人。

类似的诗句，白居易后来还写过很多——"十五年来明月夜，何曾一夜不孤眠""独眠客，夜夜可怜长寂寂"……

在那个孝道压死人的年代，他只能以这样的形式默默反抗着，希冀有一天能换来母亲的体谅与成全。

可叹的是，这份苦情虐恋，等来的终究是一场空。

（七）

三十七岁那年，在母亲以死相逼下，白居易终于还是同一位官宦之女成婚了。

那么有了家庭的白居易，是否就渐渐将湘灵淡忘了呢？

答案是否定的。

有些人，注定要用一生来忘却。

四十岁时,白母辞世,他和湘灵之间终于不再有障碍。可自己终究已经负了她,沧海桑田,一切都已回不去。

一个潇潇细雨的长夜,白居易倚床不眠,在雨打芭蕉的沙沙声中,思念毫无预兆地爬上心头:

夜雨

我有所念人,隔在远远乡。

我有所感事,结在深深肠。

乡远去不得,无日不瞻望。

肠深解不得,无夕不思量。

况此残灯夜,独宿在空堂。

秋天殊未晓,风雨正苍苍。

不学头陀法,前心安可忘。

这是他所有写给湘灵的诗中,我最喜欢的一首。言浅情深,无须任何解释,爱过的人都懂。

已到中年的白居易,就这样依然对湘灵怀有刻骨铭心的思念。这期间,还有首诗记录他曾无意中翻出湘灵当年送的铜镜,睹物思人,伤感不已:

感镜

美人与我别,留镜在匣中。

自从花颜去,秋水无芙蓉。

经年不开匣，红埃覆青铜。

今朝一拂拭，自照憔悴容。

照罢重惆怅，背有双盘龙。

元和十一年（816年），白居易四十五岁，已经被贬江州。

梅雨季节，他晾晒衣物，晒到那双湘灵赠予的绣花锦履时，往事又一一浮现：

感情

中庭晒服玩，忽见故乡履。

昔赠我者谁，东邻婵娟子。

因思赠时语，特用结终始。

永愿如履綦，双行复双止。

自吾谪江郡，漂荡三千里。

为感长情人，提携同到此。

今朝一惆怅，反覆看未已。

人只履犹双，何曾得相似。

可嗟复可惜，锦表绣为里。

况经梅雨来，色黯花草死。

年近半百的白居易再次拿起这双鞋子细细端详，摩挲不已。

南方潮湿，鞋上的绣花已黯淡褪色，一如他伤痛之心——鞋子尚能成双成对，而人却早已形单影只……

十几年过去了，白居易不仅一直珍藏着这双鞋，且即使贬官千里，也特意提携同往，只此一处，情深可见。

再八年后，五十三岁的白居易从杭州刺史任上去职回京，途中他特意去符离探访湘灵。

可惜，那个当年的"东邻婵娟子"，早已踪迹难寻。

后来直到六十多岁，白居易再经符离，还无比伤感地写下"三十年前路，孤舟重往还"，有学者说这应该也是因怀念湘灵所作。其中还有一句"啼襟与愁鬓，此日两成斑"，则可能是想象湘灵也一定还在思念他……

是啊，人生那么短，思念那么长。

这份痴缠了白居易一生的未果初恋，终究还是成了他心中一道无法愈合的永世伤痕。

（八）

读到这里，大家也许能够明了，为什么《长恨歌》只有白居易能够写得出。

因为，真正动人的作品，必须交付心灵。

四大名著中，缘何《红楼梦》的地位要明显高于其他三部？

很大一部分原因在于，《红楼梦》有自我表达的成分，背后有曹雪芹自己的灵魂与性情。

《长恨歌》也一样，当我们读懂了白居易和湘灵的痴情绝恋，也就明白了为何白居易对李杨的爱情会抱有那样一份同情与悲悯。

其实，剥去帝王贵妃的外壳，《长恨歌》又何尝不是白居易自己的恋情悲歌？

能将唐玄宗对杨贵妃的思念刻画得那么缠绵悱恻、细腻动人，又何尝不是因为这一切本就是白居易亲身有过的生命体验？

甚至《长恨歌》中描述爱情最经典的句子，几乎都脱胎于白居易给湘灵的诗：

"夕殿萤飞思悄然，孤灯挑尽未成眠"与"何堪最长夜，俱作独眠人"有何不同？

"迟迟钟鼓初长夜，耿耿星河欲曙天"与"夜长无睡起阶前，寥落星河欲曙天"相似到何种程度？

"鸳鸯瓦冷霜华重，翡翠衾寒谁与共"与"艳质无由见，寒衾不可亲"又是否曲异而工同？

那"惟将旧物表深情，钿合金钗寄将去"的细节，灵感是否来自湘灵赠予的铜镜与锦履？

那"临别殷勤重寄词，词中有誓两心知"的深情，又是否移情于两人曾经诀别时的山盟海誓？

……

就连最经典的"在天愿作比翼鸟，在地愿为连理枝"，在写给湘灵的《长相思》中也有其雏形：

愿作远方兽，步步比肩行。
愿作深山木，枝枝连理生。

而文末那句"天长地久有时尽，此恨绵绵无绝期"，更是借李杨的死别之苦，道尽白居易与湘灵的生离之憾！

关于《长恨歌》的主题，也如红学一样，千百年来研究者众，且争论巨大。

在我看来，也许白居易当时的创作初衷并没有我们后人想得那么复杂。

讽喻的成分有一些，感伤的成分也有一些，但毫无疑问，爱情才是这篇名作的核心主题。

甚至可以说，如果没有白居易自身的悲情苦恋，就算李杨的故事再惊天动地，也催生不出情传千古的《长恨歌》！

（九）

看到这儿，部分读者可能会倍感困惑：

白居易既对湘灵终生难忘，为何晚年却又蓄养歌姬，放纵自娱？与前文的一往情深，着实大相径庭。

关于这点，有学者从弗洛伊德的精神分析学入手，解释为是初恋伤痛难以遣怀而产生的补偿心理。

我对弗洛伊德的学说所知甚少，但每念及此，脑海中总不禁会想：

那些青春靓丽的歌姬少女，身上一定多多少少都有一些湘灵的影子吧。

或许，在白居易的内心深处，这份永生无法释怀的爱恋恰如沈从文笔下所述：

我行过许多地方的桥，看过许多次数的云，喝过许多种类的美酒，却只爱过一个正当最好年龄的人。

白居易与元稹

世间最好的友谊，是找到另一个自己

(一)

大唐元和四年（809 年），春。

三十一岁的元稹任职监察御史，奉命出使东川。途经梁州，夜宿汉川驿，梦见与好友白居易、李杓直同游曲江及慈恩寺，足足戏耍了一夜。直至天色将晓，亭吏传呼备马，梦境方断。

醒来后的元稹就此题诗一首，寄往长安：

梁州梦

梦君同绕曲江头，也向慈恩院院游。

亭吏呼人排去马，所惊身在古梁州。

同日，千里之外的长安。

慈恩塔下，柳垂金线，曲江池畔，桃吐丹霞。赏春踏青者熙熙攘攘，络绎不绝。

白居易和弟弟白行简、好友李杓直随着人群一番游江攀塔后，转入附近酒家，推杯换盏，谈天说地。

忽然，白居易毫无来由地停住话头，呆怔片刻后，起身行至柜台前，拿起店里油腻腻的记账笔，对墙挥洒：

同李十一醉忆元九

花时同醉破春愁，醉折花枝作酒筹。

忽忆故人天际去，计程今日到梁州。

而后提笔而立，喃喃自语：

"算起来，微之今日该到梁州了吧？"

半个月后，白居易收到元稹来信，一看落款日期，大腿都拍肿了：

"天哪，怎么可能这么巧？！"

白行简斜睨一眼，瘪起了嘴：

"啧啧，这心灵感应，你俩才是亲兄弟！"

（二）

说到这儿，也不怪白行简羡慕嫉妒。世间的事儿，哪有巧合到这般程度的？

在异地相隔、不可能即时沟通的古代，两个人对彼此的挂念，竟同时达到了百分百的重叠度：人物、地点、事件，严丝合缝。

以至千年之后，围观群众依然忍不住发出声声天问：

"啧啧，这哥俩得是铁到了什么程度，方能如此千里神交？！"

要回答这个问题，得从贞元十九年（803年）说起。

这一年，三十二岁的白居易和二十五岁的元稹在吏部考试中同登科第，一起当上了秘书省校书郎。二人就此一见如故，惺惺相惜，谱写出了一段志同道合、同舟共济，令无数后人艳羡无已的神仙友谊。

用老白的话来说，做校书郎的三年里，他们哥俩是：

- 一为同心友，三及芳岁阑。
- 花下鞍马游，雪中杯酒欢。
- 有月多同赏，无杯不共持。
- 几时曾暂别，何处不相随。

啧啧，你看，这两人真是关系铁得很。

这也是没办法的事儿，谁叫人家哥俩哪哪都像呢。

论才，白居易当时有红遍京师的"离离原上草，一岁一枯荣"，元稹有家喻户晓的传奇小说《莺莺传》，二人旗鼓相当，不分胜负。

论性情，白居易说元稹：

曾将秋竹竿，比君孤且直。

元稹说白居易：

爱君直如发，勿念江湖人。

意思是说，两人的性格如同一个模子里刻出来的，都是疾恶如仇、不善逢迎的耿直青年。

而且除此外，哥俩还都出身寒微、早年艰辛；又都曾因种种不得已的苦衷辜负了初恋的好姑娘；再加上共同的文学主张（后来一起搞了新乐府运动），如出一辙的为官态度（朝堂之上，面对权贵，哥俩一个比一个更刚），导致两个人每每看到彼此，内心都有一个声音在呐喊：

"苍天啊，这不就是另一个我吗？"

伟大的物理学家霍金曾说过："人世间最让人感动的，是遥远的相似性。"

因此，深感"千金易得，知己难求"的二人，动不动就提笔写诗，互诉衷肠：

> 自我从宦游，七年在长安。
>
> 所得惟元君，乃知定交难。
>
> ……
>
> 不为同登第，不为同署官。
>
> 所合在方寸，心源无异端。
>
> ——白居易《赠元稹》
>
> 忆在贞元岁，初登典校司。
>
> 身名同日授，心事一言知。
>
> 肺腑都无隔，形骸两不羁。
>
> ——白居易《代书诗一百韵寄微之》

看完先别急着吐槽老白的诗肉麻，因为元稹的更厉害。

任职校书郎三年后，白居易离开京城，出任外地县尉。元稹倍觉失落，分外思念好兄弟：

昔作芸香侣，三载不暂离。

逮兹忽相失，旦夕梦魂思。

......

官家事拘束，安得携手期。

愿为云与雨，会合天之垂。

——《酬乐天》

啧啧啧，好一句"愿为云与雨，会合天之垂"，可以说是思念的极致了。

别以为这是元同学一时激动，抒情过度。相识后的三十多年间，他们始终保持着如此深厚浓烈的友谊。

（三）

比如，就拿开头元稹出使东川来说吧，一路上元同学对老白各种心心念念，就连看到朵红艳艳的花儿，也忍不住要写诗告诉他：

深红山木艳彤云，路远无由摘寄君。

恰似牡丹如许大，浅深看取石榴裙。

走了没多久，发现还有浅色的花儿，那还等啥？继续告诉好哥们！

向前已说深红木，更有轻红说向君。

深叶浅花何所似？薄妆愁坐碧罗裙。

发现任何美好事物，都要第一时间分享给对方——是铁哥们没错了。

元稹如此，白居易自然也没落下：

江楼月

嘉陵江曲曲江池，明月虽同人别离。

一宵光景潜相忆，两地阴晴远不知。

谁料江边怀我夜，正当池畔望君时。

今朝共语方同悔，不解多情先寄诗。

明月之夜，清辉照人，白居易在曲江池畔抬首望月，苦思元稹，还坚信对方一定也伫立在嘉陵江岸怀想自己。

最神的是最后一句。白居易猜测说，他和元稹看到彼此的诗，一定会同时后悔感叹：

"哎呀！原来哥们也在惦念我，早知就应该早点寄诗表关怀。"

（四）

好的友谊当然不只插科打诨。

公元 806 年，因校书郎之职过于清闲、政治作为不大，二人于是双双辞职，躲进华阳观里闭户读书，潜心备考由皇帝主持的制举考试。

其间哥俩互相探讨，反复切磋，还根据时事热点自己预测出题，而后交换答卷，互相点评。意见不一致时，常唇枪舌剑，争论不休，直到一方把另一方彻底说服为止。

一个月后，两个学霸再次荣登科榜，元稹第一，白居易第四。

不仅仕途上齐头并进，两人还和另一位中唐诗人李绅（"谁知盘中餐，粒粒皆辛苦"的那位）搞了个文学组合，发起了一场"文章合为时而著，歌诗合为事而作"的新乐府运动，针砭时弊，反映民生，在中国诗歌史上留下光辉一页。

除了一起乘风破浪、相携成长，他们更能患难与共，在人生陷入低谷时为彼此兜底。

元和元年（806 年），元稹母亲去世，守丧三年没有收入，生活极其困难。白居易又是给元母写祭文，又是往元稹家送吃送喝，把好兄弟照顾得妥妥帖帖。

投桃报李。后来白居易母亲去世，元稹一样是义不容辞：

伯母的祭文，我写！兄弟这三年的生活费，我出！

母丧期间的白居易贫病交加，很多朋友都消失不见。只有千里之外的元稹，隔三岔五写信来关心勉励，又是劝慰老白要心宽想得开，又是叮嘱他要好好吃饭、珍重身体：

> 一病经四年，亲朋书信断。
>
> 穷通合易交，自笑知何晚。
>
> 元君在荆楚，去日唯云远。
>
> 彼独是何人，心如石不转。
>
> 忧我贫病身，书来唯劝勉。
>
> 上言少愁苦，下道加餐饭。
>
> ——《寄元九》

当时元稹被贬江陵，境况也很惨淡，却常常挤出俸禄接济白居易：

> 怜君为谪吏，穷薄家贫褊。
>
> 三寄衣食资，数盈二十万。
>
> 岂是贪衣食？感君心缱绻！
>
> 念我口中食，分君身上暖。
>
> ——《寄元九》

你看，三年间愣是资助了白居易整整二十万。

这是什么概念呢？

他们做京官校书郎时，月薪是万六七，也就是说，二十万相当于一个校书郎不吃不喝一整年的工资。

可以说，如此相互扶持，就是手足至亲，也未必能做到了。

所以，白居易十分感慨：

不因身病久，不因命多蹇。

　　平生亲友心，岂得知深浅？

——《寄元九》

　　是啊，不落难，哪能知道谁才是真正的朋友呢？

　　除了家庭变故时互相扶持，宦海沉浮之际，他们亦是始终心系彼此。

　　比如，元稹任监察御史时，因论事切直，弹劾权贵，栽了个大跟头：

　　在出差回京途中，遭宦官势力蓄意报复，被打了个头破血流。

　　而此事明明错在宦官，元稹却含冤被贬江陵。

　　此事一出，白居易当场气炸，置得罪宦官和藩镇的巨大风险于不顾，火急火燎为好哥们写了篇辩护状，直接掉到了唐宪宗面前，慷慨激昂地列出元稹不可贬之理由有三：

　　你要是贬了元稹的官，以后满朝文武就没人敢为皇帝大人当官执法、惩凶除恶了！

　　你要是贬了元稹的官，以后大家被宦官欺负了也不敢吱声，奸邪之辈只会越来越跋扈！

　　你要是贬了元稹的官，以后地方藩镇有什么异动，也不会有人为大唐挺身而出了！

　　虽然最终并没能改变圣命，但对元稹来说，已是情义无价。

　　说来，二人也真是难兄难弟，白居易后来也因越职谏事被贬江州司马。当时元稹身在通州，重病缠身，都快交代后事了，结果听到好友被贬，一个猛子坐起来，愣是又给气活了：

闻乐天授江州司马

残灯无焰影幢幢，此夕闻君谪九江。

垂死病中惊坐起，暗风吹雨入寒窗。

洪迈《容斋随笔》评价此诗曰："嬉笑之怒，甚于裂眦；长歌之哀，过于恸哭。"

此语诚然！

（五）

人生漫漫，境遇有别，常常走着走着，关系就淡了，朋友就丢了。

但元稹和白居易不一样，在一起时，就日日携手；天各一方，就以诗传情。虽然聚少离多，友谊却从来未减丝毫。

异地为官时，每一次分别，他们都难舍兄弟情。比如元和元年，元稹被贬河南尉，白居易落寞万分：

相知岂在多，但问同不同。

同心一人去，坐觉长安空。

——《别元九后咏所怀》

你看，元稹走了，对白居易来说，整个长安城都空了。

元和十年（815年），元稹被贬通州，白居易又一次大醉：

醉后却寄元九

蒲池村里匆匆别，澧水桥边兀兀回。

行到城门残酒醒，万重离恨一时来。

外地为官的路上，每逢驿站，二人翻身下马后第一件事，就是四处打转，寻找彼此的诗，比如白居易贬官江州时：

蓝桥驿见元九诗

蓝桥春雪君归日，秦岭秋风我去时。

每到驿亭先下马，循墙绕柱觅君诗。

啧啧，好一个"循墙绕柱"，画面感简直呼之欲出，这寻找的哪是元稹的诗，分明是对方那颗惺惺相惜的心啊！

元稹前往通州的路上，也是一样，处处留意白居易的诗迹：

见乐天诗

通州到日日平西，江馆无人虎印泥。

忽向破檐残漏处，见君诗在柱心题。

境遇惨淡时，他们还多靠读彼此的诗来获取慰藉、消解痛苦。例如，往江州路上，白居易逮着元稹的诗卷，动不动就读通宵：

舟中读元九诗

把君诗卷灯前读，诗尽灯残天未明。

眼痛灭灯犹暗坐，逆风吹浪打船声。

元稹也不例外，你读我的诗，那我干脆就动笔抄你的诗：

阆州开元寺壁题乐天诗

忆君无计写君诗，写尽千行说向谁。

题在阆州东寺壁，几时知是见君时？

身处两地，公事之余，二人更是花式思友。元稹对老白的惦念，是这样的：

是夕远思君，思君瘦如削。

——《三月二十四日宿曾峰馆，夜对桐花，寄乐天》

朝朝宁不食，日日愿见君。

——《酬乐天赴江州路上见寄三首·其三》

唯有思君治不得，膏销雪尽意还生。

——《予病瘴，乐天寄通中散、碧腴垂云膏……因有酬答》

白居易对元稹的惦念，是这样的：

忆元九

渺渺江陵道，相思远不知。

近来文卷里，半是忆君诗。

初与元九别后忽梦见之及寤而书适
至兼寄桐花诗……此寄

晓来梦见君，应是君相忆。

梦中握君手，问君意何如？

万水千山，也挡不住他们继续插科打诨：

梦微之·十二年八月二十日夜

晨起临风一惆怅，通川溢水断相闻。

不知忆我因何事，昨夜三更梦见君。

你看，明明是自己惦念元稹，白居易非要傲娇地说，你干吗又惦念我？害得我半夜三更梦见你。

元稹也不甘示弱："哟，这话说的，你梦到我了，我可没梦到你。"

酬乐天频梦微之

山水万重书断绝，念君怜我梦相闻。

我今因病魂颠倒，唯梦闲人不梦君。

不仅如此，老白给元稹写信时，还常字斟句酌，写了又改，改了又添，一封信能从夜里鼓捣至天色欲晓：

禁中夜作，书与元九

心绪万端书两纸，欲封重读意迟迟。
五声宫漏初鸣夜，一点窗灯欲灭时。

元稹更夸张，每每收到白居易的诗，往往还没打开读就激动到涕泪涟涟：

得乐天书

远信入门先有泪，妻惊女哭问何如。
寻常不省曾如此，应是江州司马书。

除了诗唱往来，虽身处异地，有什么好东西，他们也会第一时间想到自己的好哥们。

例如，元稹在四川时，白居易怕他热坏身子，赶忙为其寄去薄衣薄裤：

浅色縠衫轻似雾，纺花纱裤薄于云。
莫嫌轻薄但知著，犹恐通州热杀君。

后来不知从哪儿倒腾来个外地竹席，也是二话不说就寄给元
稹解暑：

> 滑如铺莨叶，冷似卧龙鳞。
>
> 清润宜乘露，鲜华不受尘。
>
> 通州炎瘴地，此物最关身。

元稹也一样。家里珍藏的丝绸自己不舍得用，却寄给白居易
做衣服：

> 溢城万里隔巴庸，纻薄绨轻共一封。
>
> ……
>
> 春草绿茸云色白，想君骑马好仪容。

哎呀，老白，我想象你穿着丝绸新衣去骑马的样子，一定很
拉风！

除了关怀当下，白居易还曾筹谋他日退休后与元稹结庐为伴、
共同归隐：

> 况今各流落，身病齿发衰。
>
> 不作卧云计，携手欲何之？
>
> 待君女嫁后，及我官满时。
>
> 稍无骨肉累，粗有渔樵资。
>
> 岁晚青山路，白首期同归。

元稹呢，想得更长远，连下辈子还要做好哥们，都计划好了：

寄乐天

无身尚拟魂相就，身在那无梦往还。
直到他生亦相觅，不能空记树中环。

两心相交至此，以至于类似文章开头的巧合事件，在这段神仙友谊中居然再度上演。

（六）

元和十四年（819年），春。白居易由江州司马移官忠州刺史，元稹由通州司马移官虢州长史。

赴任途中，这对已阔别五年未见的老友，竟意外地在夷陵地段于江面重逢。

当时，白居易溯流而上，舟行较缓，而元稹则顺江直下，势如箭飞。即便如此，两个时时互为牵挂的知己依然凭着对彼此的深切思念与挚友之间的心电感应，在两船相交而过的瞬间，猛然发现了对方！

惊喜交加之下，他们凭栏高呼、雀跃挥手，一遍一遍呐喊着老友的名字……与此同时，白居易迅速调转船头，追起元稹的船只。

这次不期而遇，他们停舟三日，得以畅叙别情：

夷陵峡口明月夜，此处逢君是偶然。

一别五年方见面，相携三宿未回船。

此后官场漂泊，多数时间里他们依然是天涯分散，鸿雁传书。

二人生平中最后一次相聚，是大和三年，在白居易的养老地，洛阳。

迟暮之年，白首再见，二人分外珍惜，白天一起四处游逛，晚上则酣谈通宵。

这一次，也许是冥冥之中的预感，元稹于洛阳逗留良久，迟迟不舍得离去。相别之际，更伤感难抑，写下《过东都别乐天二首》，吟罢涕零，执手而去：

君应怪我留连久，我欲与君辞别难。

白头徒侣渐稀少，明日恐君无此欢。

自识君来三度别，这回白尽老髭须。

恋君不去君须会，知得后回相见无？

没想到，一句"明日恐君无此欢"，竟一语成谶。

大和五年，五十三岁的元稹于武昌任所暴病而亡。白居易得知消息，肝肠寸断，恨不能随其而去：

呜呼微之！三界之间，谁不生死，四海之内，谁无交朋？然以我尔之身，为终天之别，既往者已矣，未死者如何？……与公缘会，岂是偶然？多生以来，几离几合，既有今别，宁无后期？

公虽不归，我应继往，安有形去而影在，皮亡而毛存者乎？

——《祭微之文》

甚至生死相隔八年后，老白依然会在梦中与其携手同游，醒来泪如雨下：

梦微之

夜来携手梦同游，晨起盈巾泪莫收。

漳浦老身三度病，咸阳草树八回秋。

君埋泉下泥销骨，我寄人间雪满头。

阿卫韩郎相次去，夜台茫昧得知不。

自你走后，我生了三次大病，你的坟墓远在咸阳，上面草树杂生，长了有八个年头了。九泉之下，你的尸骨已化为泥沙，而我暂寄人间，也已苍颜白发；你的爱女阿卫和佳婿韩郎亦已先后离世，黄泉茫茫，这些事情，你可知晓？

如此生死不忘之友情，千年之下读来，依然令人心弦久久为之颤动。

元稹生前曾描述二人的友谊是：

迹由情合，言以心诚。远定生死之契，期于日月可盟。坚同金石，爱等弟兄。

白居易也一样，说二人是：

行止通塞，靡所不同，金石胶漆，未足为喻。死生契阔者三十载，歌诗唱和者九百章。

的确，自相识之日起，他们即志同道合，诗唱往和三十多年，互相写诗近千首，是中国文学史上情谊最笃、交往最长、唱和最多的一对挚交友朋。既前无古人，又后无来者。

　　诚所谓"人生得友如斯，夫复何求"是也。

　　羡哉！羡哉！

知道唐朝如何科考后，我果断跳下了时光机

（一）

俗话说，人生有四大喜：

久旱逢甘霖，他乡遇故知，洞房花烛夜，金榜题名时。

这次就来聊聊和这人生第四喜相关的唐朝科举制，看看古人和今人，到底谁的考试更痛苦。

相信我，看完后，你一定会得到深深的安慰。

一提起唐代科考，大家可能会纷纷举手抢答：

我知道，我知道！分明经和进士两科！

不错，那么多唐诗人物志没白看。

不过，我还是要给大家泼上一点冷水：恭喜你，只说对了一部分。

因为严格来说，唐代科举分两大类：制举和常举。

所谓"制举"，就是由皇帝下诏、以招"非常之才"为目的而不定期举办的非常规考试——考什么，怎么考，全看皇帝的用人需求。

比如"初唐四杰"中的王勃，十六岁就考中幽素科做了官，这个科目就是制举考试的一种。

有唐一代，设立过的制举科目大概不下百种（史书记载"无虑百数"），比较常见的有贤良方正科、博学宏词科、直言极谏科等。

此外，还有很多花里胡哨到令人匪夷所思的科目，比如什么志烈秋霜科、临难不顾徇节宁邦科（这是在招敢死队？）、长才广度沉迹下僚科（名称这么不吉利谁会考？）、手笔俊拔超越辈流科（考书法还是考形体？）、哲人奇士逸伦屠钓科（招来陪皇帝侃大山的？）……

一个个名称浮夸到简直令人难以相信这是朝廷正儿八经的招考科目，只能说当皇帝就是好，科考这么严肃的事儿，也能搞得如此任性。

当然，制举考试毕竟只是人才选拔的一种补充方式，类似咱们现在的艺体特招生。

真正的重头戏，还要看常举。

所谓常举，又称贡举，就是定期举行的常规性科目。

唐代常举每年一次，主要科目有秀才、明经、进士、明法（法律）、明书（书法）、明算（算数）等五十多种科目。

其中秀才科等级最高，但因为巨难考，设立不久就废除了。（不要被"穷酸秀才"这个词给骗了，那是明清时候。）

其他明法、明书、明算之类，都不咋受待见，所以常科的重中之重就是明经和进士了。也就是之前咱们讲诗词人物志时提到最多的两科。

那这两科究竟有啥区别呢？

（二）

首先考试难度不同。

所谓"三十老明经，五十少进士"，三十岁中明经已经算高龄考生，而五十岁进士题名却依然可说是年轻有为。

因为明经易考，主要考"帖经"，就是抽取经典古文，遮住关键字句，让考生补充填写。跟咱们小时候做的填充题一样，纯靠死记硬背。

进士难度就大多了。

因为，重点考诗赋。

诗、赋都是对韵律有要求的文体，诗要音韵和谐，对仗工整；赋要文辞华美，骈骊顿挫。还要应题而作，临场发挥。

这就要求考生有相当的文学才华以及独立思考能力。

而我们熟悉的唐代诗人，因为个个才华满格，几乎都选择考进士。

唐代的诗赋考试，一般放在第一场。出题范围十分广泛，什么历史故事、四季节令、描写风景等都有。

有时，甚至是主考官现场即兴选题。

比如，有一年考试，主考官看到考场的北边新栽了一棵小松树，就对考生们说：

同学们，今天就以这棵松树为题作诗吧。

所以这一年的诗赋题目，就叫作《贡院楼北新栽小松树》。

堂堂国考，竟然随性到这种程度，放在八股取士的明清时期，那简直就是天方夜谭。

而且，不仅考官随性，考生随性起来更夸张。

开元年间，有一名叫祖咏的考生，诗赋考试才开场十五分钟，他就突然起身，将诗稿往主考官的案前一放，拎着文具袋扬长而去。

刚出考场没两步，主考官就举起考卷，扶着门框，大声呼喊：

嗨！这位同学，你还没写完呢！交个什么卷！

祖咏同学停步，转身，微微一笑，回答了主考官两个字：

"意尽。"

说完便飘然而去，留下主考官风中凌乱。

主考官为何说他没写完呢，因为唐代考诗歌有篇幅要求，必须是五言六韵十二句，可祖咏只写了区区四句就走人了。

现在，让我们一起欣赏下这首有唐三百年来最为个性的应试之作：

终南望馀雪

终南阴岭秀，积雪浮云端。

林表明霁色，城中增暮寒。

整首诗咏物寄情，意在言外，且清新明朗，朴实自然，是一首难得的佳作。

而且，的确已然"意尽"，多一个字都显画蛇添足。

清朝王士祯在《渔洋诗话》里把这首诗和陶潜的"倾耳无希声，在目皓已洁"、王维的"洒空深巷静，积素广庭闲"等并列，称为咏雪的"最佳"之作。

在今天，八百字的高考作文你写两百五，估计只能得零分。而人家祖咏同学却因这首诗写得实在太好，被主考官破例录取，成为一段有名的科场佳话。

（三）

一不小心扯远了，继续说回明经和进士的区别。

因为考试难度不同，顺理成章，学历含金量也就不同。

如果说明经相当于现在的函授本科，那进士就是985、211，甚至对标清华、北大，也绝不为过。

在当时的科考风气中，存在着一股明显的鄙视链：进士出身的瞧不起明经出身的，甚至还没考中进士的也瞧不起明经出身的。

典型例子就是李贺得罪元稹的故事。

李贺十几岁时，因受到大文豪韩愈青睐，名扬京洛，据说当时已考中明经的元稹对其也十分仰慕，还曾亲自登门拜访。

结果李贺接过名片一看，鼻子里一声冷哼：

明经及第，何来谒我！

意思是，你一个明经出身的人，也有脸来见哥？！——差点没把元稹同学气到原地爆炸。

这个故事虽真假难辨，但唐人眼里明经和进士声望之悬殊却由此可见一斑。

（四）

看到这儿，大家可能想说，唐代的科考还是很美好的嘛。

考题范围那么宽松，答题"半途而废"也能金榜题名；虽然明经不受待见，那就一门心思写诗考进士呗。

呵呵，如果我再告诉你，唐代考场内还能交头接耳、讨论试题（是真的），你是不是羡慕得立马想要穿越回去了？

别急，讲完唐朝科举的可爱之处，我要开始可劲黑它了。

唐朝科举的第一个黑点是：进士录取率极低。

终唐一代，每年录取的进士平均不超过25人，录取率仅百分之一二。所谓物以稀为贵，高中进士在唐朝的尊崇荣耀程度，鲜有其他事项可比拟。

比如，有人登第后曾赋诗曰：

> 元和天子丙甲年，三十三人同得仙。
> 袍似烂银文似锦，相将白日上青天。

进士及第的喜悦如同成仙升天，新科进士们的快意之情与世人的追捧艳羡，也就不难想象了。

在唐代，整个官僚体系内貌似都有一种神圣的进士情结。

比如一个叫薛元超的宰相，说自己生平有三大恨：

一非进士出身，二没娶到五大望族之女，三没能修国史。

（吾不才，富贵过人，平生有三恨：始不以进士擢第，不娶五姓女，不得修国史。）

更令人难以置信的是，连君临天下的皇帝（唐宣宗）都对进士题名心向往之，不能参加科考，就在禁内自题"乡贡进士李道龙"过把瘾。

然而，这看似风光无限的进士之路，背后却不知铺垫了多少落榜考生的血与泪。

因为录取率极低，唐朝甚至产生了一种专门的诗歌类型，叫"落第诗"，且看一首孟郊同学的：

再下第

> 一夕九起嗟，梦短不到家。
> 两度长安陌，空将泪见花。

哎，啥也不说了，光看诗名就够忧伤了。

晚唐诗人温庭筠的儿子温宪也是屡试不第，笔下也有类似诗篇：

> 十口沟隍待一身，半年千里绝音尘。
>
> 鬓毛如雪心如死，犹作长安下第人。

诗人顾况的儿子考了三十年——吟诗三十载，成此一名难。

写下名句"凭君莫话封侯事，一将功成万骨枯"的诗人曹松，一直考到了七十多岁，才因年老被特放及第……

当时很多外地学子，为博得一个进士出身，滞留长安多年不得归家。饥无食，寒无衣，有的父母死了，只能卖身为奴办丧事，有的夫妻分别十几载，相见时几乎不能相认……

看到这儿，是不是已经瑟瑟发抖，果断从时空飞船上跳下来了？

别着急，还没完。

（五）

唐代科考的第二个大黑点：

考试不糊名，且行卷、通榜之风盛行。

不糊名，主考官想针对某个考生放水那就太简单了。

而所谓"行卷"，就是考试前，应考的举子们把自己的得意之作装订成册，然后奔走于各大王公贵人的门庭下自我推荐。如果得到权贵赏识，向主考官力荐，那就极可能直接内定名次，即为"通榜"。

比如王维、杜牧，都是这一类的幸运儿。

但如此种种，对出身平凡、没有靠山的考生们，就显得十分不公平。

比如韩愈，因无人举荐，一连考了四次才中进士。还有李商隐，也是到了第五次，终于得人举荐方才登科。

晚唐诗人杜荀鹤，同样是诗名远播却屡试不就，只能无奈感慨"空有篇章传海内，更无亲族在朝中"。

接下来，再看唐朝科考的第三个大黑点：

限制考生身份。

唐代民众大概分士、农、工、商四类，其中只有"士"与"农"的子弟允许参加科考（请火速对照一下自己的家庭成分）。

而农家子弟大多贫困潦倒，没什么条件读书，有资格考也白搭。所以归根结底，几乎所有唐代进士都出于官僚阶层。

说到这儿，就不得不提一下咱们的老熟人李白同学了。

为啥他的家世永远是一团谜？为啥他从不在诗文中说起自己的父母兄弟？

答案就是，他家极有可能是经商的（郭沫若甚至推测他家是在长江上做物流生意的）。

这也可以解释为什么我们太白兄从不参加科考，才高不屑是一方面，更重要的是没资格啊！

他对家世向来讳莫如深，可能也是怕泄漏了家庭成分，经人举荐的道路也会走不通吧。

哎，写到这儿，再次心疼下我李大哥。

（李白：哥爱喝酒，那是有原因的……）

除以上外，唐朝考进士还是逐级淘汰制，每场定去留。第一场诗赋通不过，后面的帖经和策问直接没资格考。

下第

昨夜孤灯下，阑干泣数行。

辞家从早岁，落第在初场。

你看，晚唐诗人黄滔第一场诗赋就被刷下来，回到旅馆，涕泪涟涟：

"哎，回家怎么跟父老乡亲交代啊……"

最后，即使考上进士，还得继续通过吏部筛选才能任职。

而吏部的面试环节，考官的自由裁量权极大，有关系有后台的世家子弟会再次占尽优势。

有才如韩愈，因出身普通，居然三选吏部而不得，中进士后又整整做了十年的布衣百姓……

就问你坑不坑人，颤不颤抖！

（六）

好了，看到这儿，是不是发现古代科举也没想象得那么简单？

尤其唐朝，还处于科举的初级阶段，看似一朝登龙门的进士考试，其实只是上层社会少数人才能玩的游戏，还远不是真正的"广开才路"。

说到底，还是现在的高考制度对我们普罗大众比较友好：

不限出身，不用行卷，考试看总分，录取率还高！

如今，随着历史发展和时代进步，高考虽已不再像古代科举一样是人生的唯一出路，却依然是个体改善命运相对最公平的方式。

所以，年轻人没事儿，还是应该多读书。

周公子每期一问

新出图证（鄂）字 03 号
图书在版编目（CIP）数据

大唐群星闪耀时 / 周公子著. —— 武汉：长江文艺
出版社，2022.3
ISBN 978-7-5702-2478-4

Ⅰ.①大… Ⅱ.①周… Ⅲ.①诗人—列传—中国—唐
宋时期 Ⅳ.①K825.6

中国版本图书馆 CIP 数据核字（2021）第261877号

策　　划：刘　平　何丽娜　　　　责任编辑：栾　喜
责任校对：许　罡　　　　　　　　封面设计：周伟伟
责任印制：张　涛

出版：长江出版传媒 ｜ 长江文艺出版社
地址：武汉市雄楚大街 268 号　　　　邮编：430070
发行：长江文艺出版社
　　　北京时代华语国际传媒股份有限公司　　（电话：010-83670231）
http://www.cjlap.com
印刷：北京盛通印刷股份有限公司

开本：787毫米 ×1092毫米　 1/32　　印张：11
版次：2022 年3月第1版　　　　　　2022 年3月第1次印刷
字数：230千字

定价：59.80 元